编写委员会

顾　　　问：宁吉喆
编　委　会：丛　亮　　刘宇南　　孙　伟　　王善成
　　　　　　彭福伟　　郭春丽　　魏　颖　　李　颖
　　　　　　王　辉　　沈水生　　高　政　　于世利
　　　　　　顾绍平　　李国奇　　彭维勇　　卢　山
　　　　　　李万茂　　金　红　　李卫宁
编委会主任：丛　亮
编写小组：谭　伟　　童　熔　　张志华　　李　帅
　　　　　　金明红　　贺　婷　　鲍文涵　　张家铭
　　　　　　王　蕴　　王建冬　　鲁春丛　　董少龙
　　　　　　张彤业　　田　振　　桂　熠　　鲁　超
　　　　　　阎　鹏　　季浩扬　　张　敏　　林云玉
　　　　　　张会英　　刘　扬

2017年
中国居民消费发展报告

国家发展和改革委员会

人民出版社

序　言

党的十八大以来,以习近平同志为核心的党中央高度重视扩消费工作,在深入推进供给侧结构性改革的同时,适度扩大总需求特别是居民消费需求,提升消费能力,完善消费政策,推动消费升级,着力增强消费对经济发展的基础性作用。2014 年,坚持政策和工程并举,在住房、绿色、信息、旅游休闲、教育文化体育、养老健康家政等领域,推进实施"六大消费工程",培育形成若干发展势头良好、带动力强的消费新增长点。2016 年,从供需两端发力,出台实施"十大扩消费行动",促进旅游文化体育健康养老教育培训等幸福产业服务消费提质扩容,加快培育新供给,在更高层次上推动供需动态平衡,为经济社会发展增添新动力。

近年来,我国消费一直保持平稳较快增长,成为经济稳定运行的"压舱石"。社会消费品零售总额由 2012 年的 21.4 万亿元增长到 2017 年的 36.6 万亿元,2013—2017 年年均增速为 11.3%。2017 年最终消费支出占国内生产总值的比重为 53.6%,比 2012 年提高 3.5 个百分点;最终消费支出对经济增长的贡献率为 58.8%,比 2012 年提高 3.9 个百分点,高出同期资本形成总额贡献率 26.7 个百分点,经济增长实现由主要依靠投资、出口拉动转向依靠消费、投资、出口协同拉动。

在消费规模不断扩大的同时,消费升级步伐加快,新兴消费快速兴起。消费层次由温饱型向全面小康型转变,全国恩格尔系数由2013 年的 31.2% 下降至 2017 年的 29.3%,达到联合国划分的20%—30% 的富足标准。消费形态由物质型向服务型转变,人均交通通讯、教育文化娱乐、医疗保健等服务消费支出比重提高。消费方式由线下向线上线下融合转变,2017 年全国网上零售额为 7.2 万亿元,增长 32.2%,明显高于社会消费品零售总额 10.2% 的增速,电子商务、移动支付、共享经济等引领世界潮流。消费行为由从众模仿型向个性体验型转变,智能手机、可穿戴设备、数字家庭等新消费蓬勃兴起,"互联网+"催生的个性化、定制化、多样化消费渐成主流。

党的十九大提出,要完善促进消费的体制机制,增强消费对经济发展的基础性作用。做好下一步扩大居民消费工作,要以习近平新时代中国特色社会主义思想为指导,全面贯彻党的十九大和十九届一中、二中、三中全会精神,坚持新发展理念,紧扣我国社会主要矛盾变化,按照高质量发展的要求,坚持以供给侧结构性改革为主线,围绕建设现代化经济体系,以创新和完善促进消费的体制机制激发新活力,以增加高品质产品和服务供给满足新需求,以改善消费环境和规范市场秩序释放新空间,切实增强消费对经济发展的基础性作用,不断满足人民日益增长的美好生活需要。重点要大力促进社会力量发展健康、养老、家政、文化、体育、教育等服务,培育壮大信息消费、旅游消费、绿色消费等新增长点,推动互联网与服务业融合发展,推动网购、快递健康发展,引导共享经济等消费新业态有序发展,深入开展消费品"增品种、提品质、创品牌"专项行动,依法查处各类侵害消费者权益的行为,保持消费稳定增长,引导和促进消费结构升级。

《2017 年中国居民消费发展报告》是国家发展改革委首次组织编写的反映我国居民消费情况的年度报告,工业和信息化部、民政部、人力资源社会保障部、文化部、卫生计生委、质检总局、新闻出版广电总局、体育总局、旅游局、统计局等部门参与了部分分领域消费章节的撰写工作。本报告是对我国消费发展现状的一次全面梳理,并向社会大众呈现我国在扩大居民消费方面所做的工作及取得的成绩,以及下一步促进居民消费扩大和升级的工作重点,供借鉴交流。

宁 吉 喆

2018 年 2 月

目　录

第一章 我国居民消费发展总体情况

2017年,在以习近平同志为核心的党中央坚强领导下,各地区各部门深入贯彻落实党中央、国务院决策部署,坚持以供给侧结构性改革为主线,积极顺应和把握消费升级大趋势,以提高产品和服务供给体系质量为主攻方向,从供需两侧发力,持续推进"六大消费工程",深入实施"十大扩消费行动",促进旅游文化体育健康养老教育培训等幸福产业服务消费提质扩容,传统实物消费持续升级,新兴服务消费不断壮大,消费新模式蓬勃发展,消费软硬环境进一步改善。

一、传统实物消费不断提档升级

瞄准住行消费、信息消费、绿色消费等实物消费升级重点领域,以推进"十大扩消费行动"为契机,通过大力提高产品质量、创新增加产品供给,促进居民消费带动相关产业转型升级。

住房消费继续平稳增长。坚持房子是用来住的、不是用来炒的定位,因城施策分类指导,大力发展住房租赁市场,继续推进棚户区住房改造,着力改善居民居住环境,带动家具家装等住房相关消费增长。2016年全国居民人均住房建筑面积为40.8平方米,其中城镇、农村居民人均住房建筑面积分别为36.6平方米和45.8平方米,分别比2012年增长11.1%和23.3%。2017年,商品房销售面积16.9

亿平方米,同比增长 7.7%,其中住宅销售面积 14.5 亿平方米,同比增长 5.3%;家具、家装类商品零售保持较快增长,增速分别达到 12.8% 和 10.3%。

汽车消费保持稳定增长。实施小排量乘用车和新能源汽车车购税优惠政策,开展汽车平行进口试点,推动取消二手车限迁政策,加快停车场、充电桩等基础设施建设。2017 年,汽车销量达到 2887.9 万辆,同比增长 3%,再创历史新高,已连续 5 年超过 2000 万辆,连续 9 年蝉联世界第一。代表汽车消费升级方向的运动型多用途乘用车(SUV)、新能源汽车延续较快增长势头,SUV 销售 1025.3 万辆,同比增长 13.3%,是 2012 年销量的 5 倍以上;新能源汽车销量由 2012 年的 1 万辆左右增长到 2017 年的 77.7 万辆,比 2016 年增长 53.3%。

信息消费不断培育壮大。持续推进网络提速降费,全部取消手机国内长途和漫游费,制定出台进一步扩大和升级信息消费持续释放内需潜力的指导意见,促进智慧家庭等信息消费新模式加快发展,发展壮大数字经济,全面推进三网融合。截至 2017 年底,我国移动互联网用户总数达 12.7 亿户,接入流量达到 246 亿 G,分别增长 16.2% 和 162.7%;4G 用户达到 9.97 亿户,比 2016 年末增加 2.27 亿户。2017 年,信息消费规模达到 4.5 万亿元,占最终消费比重的 10% 左右。

绿色消费持续扩大。实施能效"领跑者"、能效标识和节能产品政府采购制度,制定家用电冰箱、平板电视、转速可控型房间空气调节器能效"领跑者"制度实施细则并公告了产品目录,制订修订 5 大领域 37 类产品能源效率标识实施规则,定期发布节能产品政府采购清单。党的十八大以来,我国发布实施 43 项涉及终端领域量大面广、节能潜力巨大的用能产品和装备的强制性能效国家标准;实施节能产品惠民工程政策,共发布 39 批目录,10 万多个型号,推广节能家电 7800 万台,节能汽车 670 万辆,高效电机 1 亿千瓦时,拉动节能产品消费 9300 亿元。

二、新兴服务消费持续提质扩容

顺应居民消费需求个性化、多样化发展的大趋势,印发实施进一步扩大旅游文化体育健康养老教育培训等领域消费的意见,通过放宽行业准入、完善支持政策、促进融合创新等,推动新兴服务消费加快发展,不断满足人民生活需要。

旅游休闲消费加速升级。全面推开全域旅游示范区创建工作,着力推进"厕所革命",实施促进乡村旅游发展提质升级行动,支持休闲农业和乡村旅游配套设施建设,促进邮轮、游艇等旅游新业态加快发展。2016 年我国旅游及相关产业增加值达到 32979 亿元,增长 9.9%,占 GDP 的比重为 4.44%。2017 年,旅游总收入 5.4 万亿元,国内旅游人数 50 亿人次,国内旅游收入 4.57 万亿元,2012 年以来年均增长率分别为 15.8%、11.1%、15%。入境旅游人数 1.39 亿人次,出境旅游人数 1.29 亿人次。休闲农业和乡村旅游各类经营主体达到 33 万家,营业收入近 5500 亿元。

文化消费创新发展。推动实施文化文物单位文化创意产品开发试点,稳步推进引导城乡居民扩大文化消费试点工作,促进数字文化产业发展,支持实体书店建设成为复合式文化场所。2016 年,我国文化及相关产业增加值为 30785 亿元,增长 13%,占 GDP 的比重为 4.14%,比上年提高 0.19 个百分点。2017 年,规模以上文化及相关产业企业实现营业收入 91950 亿元,增长 10.8%。2017 年,全国电影票房达到 559.1 亿元,首次突破 500 亿元,城市院线观影人次 16.2 亿,增长 18.1%。

体育消费势头强劲。实施支持社会力量举办马拉松、自行车等大型群众性体育赛事行动,营造社会力量举办大型群众性体育赛事的良好环境,推进通用航空旅游等示范工程建设,进一步丰富各类体育赛事活动,持续推动体育场馆设施低费或免费开放,提高体育场馆使用效率。2016年,我国体育产业总产出为1.9万亿元,增长11.1%;增加值为6475亿元,增长17.8%,占国内生产总值的比重达到0.9%。2017年,全国通用航空企业达376家,在册通用航空器2272架,分别增长17.5%和8.4%。马拉松赛事参赛人数近500万人次,带动各类消费超过200亿元;自行车赛事数量超过4000场;全国建设各类体育场馆2万余个,经常性参加体育锻炼的人口比例提高到41.3%。

健康消费不断壮大。推进实施"健康中国2030",支持社会力量提供多层次多样化医疗服务,推动健康产业科技创新,开展分级诊疗试点,推进健康服务和旅游融合发展,全面启动首批13家健康旅游示范基地、15家国家中医药健康旅游示范区单位及两批共90个国家级医养结合试点单位建设。2017年,远程医疗覆盖1.3万家医疗机构,远程病理、影像、心电诊断等服务超过6000万例次。根据"健康中国2030"规划纲要,2020年我国健康服务业总规模将超过8万亿元,到2030年达到16万亿元。

养老消费全面提升。制定出台全面放开养老服务市场提升养老服务质量的若干意见,进一步降低养老服务机构准入门槛,增加适合老年人需要的优质产品和服务供给,支持整合改造闲置资源发展养老服务机构。养老服务产业潜力巨大,2017年60岁以上老年人口已超过2.4亿,占总人口比例达到17.3%。截至2017年底,全国各类养老床位合计714.2万张;每千名老年人拥有养老床位约30张。全国社会力量办养老机构数占养老机构总数的比例已达到45.7%,同时护理型床位占比达47%。

家政服务消费提质扩容。出台实施家政服务提质扩容行动,落实员工制家政服务免征增值税政策,健全职业培训制度,完善家政服务标准和服务规范,促进家政企业专业化、规模化、网络化、规范化发展,提升家政服务人员职业化水平。2016 年,全国家政服务业企业 66 万家,从业人员 2542 万人,营业收入 3498 亿元,比上年分别增长 3.15%、9.3% 和 26%。

三、消费新模式加快孕育成长

依托"互联网+"行动,推动互联网与各消费领域深度融合,营造共享经济等消费新业态发展的良好环境,促进消费新模式健康有序发展,创造居民消费新热点。

线上线下加速融合。 深入实施"互联网+"行动,实行包容审慎监管,"互联网+"与更多传统消费领域加速渗透融合,大力发展电子商务,网上购物、众包物流等新兴消费业态发展迅猛。2017 年,全国网上零售额 7.2 万亿元,增长 32.2%,增速比上年加快 6 个百分点,其中实物商品网上零售额 5.5 万亿元,比上年增长 28%,占社会消费品零售总额比重达到 15%,比上年提高 2.4 个百分点。

农村消费规模稳步扩大。 推进实施农村消费升级行动,推动电子商务进农村,开展电子商务进农村综合示范,挖掘农村电商消费潜力,支持电商企业搭建特色农产品产销平台,畅通城乡双向联动销售渠道,进一步改善农村信息消费基础设施条件。2017 年,乡村消费品零售总额达到 5.2 万亿元,比上年增长 11.8%,增速比城镇高 1.8 个百分点,占社会消费品零售总额的比重为 14.2%,比上年提高 0.2 个百分点。全国农村地区收投快件量超过 100 亿件,电子商务进农村综合示范地区电商服务站点行政村和建档立卡贫困村覆盖率均达到 50% 左右,农村网络零售额 12448.8 亿元,比上年增长 39.1%。

共享经济蓬勃发展。 制定出台促进共享经济发展的指导性意见,支持和引导共享经济健康发展,共享单车、网络约车、住房分享、服务众包、网络直播等共享经济模式发展势头强劲。据国家信息中心数据,2017 年我国共享经济交易额约 4.9 万亿元,同比增长 47.2%,参与分享人数超过 7 亿人。

四、消费环境继续优化提升

聚焦解决消费者对国内消费市场不信任的问题,以健全标准、加强市场监管、完善消费者权益保护等为抓手,营造安心、放心的消费环境,增强消费者在国内市场消费的信心。

产品和服务质量不断提升。持续开展消费品工业"增品种、提品质、创品牌"专项行动,开展重点产品与国外产品质量与性能实物对比。推进实施出口食品企业内外销"同线同标同质"工程。加强国家标准化体系建设,推行企业标准领跑者制度,发布实施智慧家庭综合标准化技术体系建设指南,推进家政服务标准化试点示范建设。2017 年,已有 2620 家出口食品农产品企业 9866 种产品实现内外销"同线同标同质","同线同标同质"产品国内销售额累计达 1098 亿元。国家产品质量监督抽查合格率为 91.5%,已连续 4 年保持在 90% 以上。

社会信用环境明显改善。加强社会信用体系建设,不断拓展全国信用信息共享平台联通范围,加快"信用中国"网站建设,推进签署各领域信用联合奖惩备忘录,推动统一社会信用代码全覆盖。截至 2017 年底,全国信用信息共享平台已联通 44 个政府部门、所有省区市和 61 家市场机构,归集信用信息约 134 亿条,累计出台守信联合激励和失信联合惩戒备忘录 33 个,失信惩戒人次超过 1000 万。"信用中国"网站公开各类信息约 1.5 亿条,累计访问量超过 15 亿人次,日访问量最高达 2350 万人次。

市场监管进一步加强。加大价格监管和反垄断执法力度。充分发挥 12358 价格监管平台作用,处置价格违法行为,每月向社会公布价格举报情况、曝光典型案例。深入推进打击侵权假冒各项整治工作,持续开展"质检利剑"行动。不断完善消费维权工作体系,推进实施"红盾质量维权行动"。2017 年,全国 12358 价格监管平台共受理价格举报、投诉、信访、咨询共计 78.1 万件,比上年增长 8.3%,其中价格举报、投诉 23.3 万件,比上年增长 23.4%;质检部门在全国共抽查 11.5 万家企业,发现不合格产品 11534 批次,查处不合格企业 9765 家。五年来,工商部门共查处侵害消费者权益商品消费案件 34.2 万件,案值 26.9 亿元。

五、消费领域基础设施短板加快补齐

坚持消费政策和工程并举,在住房、绿色、信息、旅游休闲、教育文化体育、养老健康家政等领域推进实施"六大消费工程",积极引导社会力量加大投入,进一步补齐消费领域突出短板。

与民生相关的服务消费领域短板投资力度持续加大。印发实施进一步激发社会领域投资活力的意见,扎实有效放宽行业准入。发布社会领域产业专项债券发行指引,进一步扩大投融资渠道。积极推进落实鼓励民间资本进入社会领域的土地税费等政策措施,带动相关领域产品和服务供给的扩大和提升。2017 年,全国教育,卫生和社会工作,文化、体育和娱乐业三类民间投资同比增长 13.2%、25.4%、13.9%,分别超过民间投资整体增速 7.2 个、19.4 个和 7.9 个百分点。

商品流通渠道不断畅通。持续推进物流降本增效,制定出台物流业发展中长期规划和全国物流园区发展规划,积极支持粮油仓储、粮食现代物流等基础设施项目建设,加快发展冷链物流,促进物流与商贸、制造等产业融合发展,加强农产品、农资和农村现代流通体系建设,促进快递业健康发展。2017 年,全国企业物流成本下降 800 多亿元;交通运输、仓储和邮政业投资 6.1 万亿元,比上年增长 14.8%,高于整体投资增速 7.6 个百分点;全国快递服务企业业务量累计完成 400.6 亿件,比上年增长 28%,规模连续 4 年稳居世界第一,业务收入累计完成 4957.1 亿元,比上年增长 24.7%。

信息消费基础设施条件逐步完善。深入实施"宽带中国"战略,组织实施新一代信息基础设施建设工程,推进"宽带乡村"工程和城市基础网络完善工程,打造"互联网+"新型应用基础设施支撑平台,稳步推进电信普遍服务试点,支持光纤网络到村建设和升级改造。2017 年,我国互联网普及率达 55.8%,其中农村互联网普及率为 35.4%,累计部署完成 3.2 万个行政村通光纤任务。截至 2017 年末,固定互联网宽带用户 3.49 亿户,比上年末增加 5133 万户,其中光纤宽带用户占比达 84%,七成用户接入带宽超过 50M。

在上述政策措施的协调推动下,近年来我国居民消费持续扩大升级,已进入消费需求持续增长、消费结构加快升级、消费拉动经济作用明显增强的重要阶段,呈现出从注重量的满足向追求质的提升、从有形物质产品向更多服务消费、从模仿型排浪式消费向个性化多样化消费等一系列转变。主要特点有:

一是我国居民消费总体规模不断扩大。2017 年,社会消费品零售总额达到 366262 亿元,比上年增长 10.2%,2013—2017 年社会消费品零售总额年均增长 11.3%,网上零售额年均增长 30%以上。全国居民人均消费支出达到 18322 元,比上年增长 7.1%,其中城镇、农村居民人均消费支出为 24445 元和 10955 元,比上年分别增长 5.9% 和 8.1%。

二是消费对经济发展的基础性作用显著增强。2017 年最终消费对经济增长的贡献率为 58.8%,高于资本形成总额 26.7 个百分点,经济增长实现由主要依靠投资、出口拉动转向依靠消费、投资、出口协同拉动。消费率稳步攀升,2017 年最终消费支出达到 43.5 万亿元,最终消费支出占国内生产总值的比重达到 53.6%,自 2012 年以来已连续 6 年占比在 50% 以上。

三是消费升级步伐加快。恩格尔系数持续下降,2017 年全国居民恩格尔系数为 29.3%,比上年下降 0.8 个百分点,首次低于 30%,进入联合国划分的 20%—30% 的富足区间,其中城镇、农村居民恩格尔系数分别为 28.6% 和 31.2%,比上年下降 0.7 个和 1.1 个百分点。服务消费占比继续扩大,教育文化娱乐、医疗保健支出占居民消费支出的比重分别为 11.4% 和 7.9%,比上年提高 0.2 个和 0.3 个百分点。消费升级类商品销售较快增长,通讯器材、体育娱乐用品及化妆品类商品比上年分别增长 11.7%、15.6% 和 13.5%。

四是居民消费能力不断提高。2017 年,全国居民人均可支配收入 25974 元,比上年实际增长 7.3%,高于经济增长速度,其中城镇、农村居民人均可支配收入分别为 36396 元和 13432 元,比上年实际增长 6.5% 和 7.3%;农村居民收入增速连续 8 年快于城镇居民,城乡居民收入倍差 2.71,比上年缩小 0.01;农民工月均收入水平 3485 元,比上年增长 6.4%。

六、促进居民消费发展面临的问题

在居民消费保持平稳增长、消费结构升级不断加快的同时,也应该看到,居民消费领域高品质产品和服务供给不充足、准入机制不完善、政策体系不健全、市场软环境不规范、基础设施短板建设不到位等问题仍然存在,导致居民消费发展不平衡不充分的问题较为突出,制约了居民消费的持续扩大和升级。

一是高品质产品和服务供给尚不充足。旅游产业开发存在同质化倾向,休闲度假产品不足,邮轮游、房车自驾游等尚处于起步阶段。

健康、养老服务机构普遍规模小、专业水平低。体育健身、体育竞赛表演、体育场馆服务、体育中介培训等体育服务产业尚需培育。家政服务行业供给数量与市场需求不平衡问题突出,家政服务人员用工缺口较为严重。电子商务、智慧物流、生活服务等应用平台商业模式创新不足,优质的数字内容供给仍有较大缺口。自主品牌产品的质量、竞争力、标准以及品牌价值等与发达国家和地区的产品存在一定差距。部分地区消费新业态发展滞后。

二是促进社会力量进入消费领域的准入机制尚不完善。社会资本进入养老、医疗等领域面临不合理准入要求。公办服务机构在资源配置中的优势地位一定程度上压缩了社会力量参与空间。邮轮游艇、旅居车等旅游业态的监管方式尚不能完全适应发展需要。文化文物单位开发文化创意产品仍面临事业单位体制机制束缚。教育、卫生等行业的公益性和市场性难以清晰厘定。

三是适应居民消费扩大升级趋势的政策体系尚需健全。符合养老、家政服务等产业发展要求的土地、财税政策还有待完善。汽车销售市场流通体系尚需健全。绿色产品消费引导政策覆盖面仍待扩大。金融支持服务消费发展的力度有待加强,民办养老、医疗机构在土地、融资等方面还存在不少障碍。现有消费统计体系还不能全面反映消费需求的新变化,对扩消费政策的研究制定构成一定的制约。

四是质量标准和信用体系建设等市场软环境尚待规范。消费品标准不高、覆盖不全导致产品质量参差不齐。消费新业态领域传统治理手段和管理模式难以适应监管要求。健康、养老等服务消费领域以及智能网联车、智能手表等新兴实物消费领域尚未形成统一规范的行业标准和评价体系。产品召回制度、商品质量安全风险预警体系、快速反应监管体系、消费者权益保护机制等需进一步完善。食品药品安全等方面,群众还有不少不满意的地方。

五是消费领域基础设施短板尚未补齐。城乡商贸流通网络建设有待进一步加强,基层体育、文化等消费基础设施建设滞后,以厕所为代表的旅游公共服务及交通等旅游配套设施尚待健全。部分中西部地区以及农村地区,还不同程度地存在现代商业服务设施建设不完善等问题。一些城市消费基础设施分布不合理,资源错配较为严重。

七、下一步促进居民消费扩大
和升级的工作重点

下一步,要以习近平新时代中国特色社会主义思想为指导,全面贯彻党的十九大和十九届一中、二中、三中全会精神,完善促进消费的体制机制,增强消费对经济发展的基础性作用,培育壮大消费新增长点、形成新动能,保持消费稳定增长,促进居民消费扩大和升级。

一是深化"放管服"改革,鼓励社会力量增加高品质产品和服务供给。制订修订鼓励社会资本进入相关社会领域的准入门槛和管理制度。支持社会力量增加医疗、养老、教育、文化、体育等服务供给,推动互联网与医疗、养老、教育、文化、体育等服务业融合发展,推动网购、快递健康发展。创建全域旅游示范区,降低重点国有景区门票价格。完善文创产品开发试点成效评价和激励机制,推进文化文物单位文化创意产品开发。深化电影院线制改革,探索差异化经营方式,盘活影院闲置时段资源。鼓励社会力量举办大型群众性体育赛事,丰富节假日体育赛事和业余赛事活动。推进实施冰雪运动、山地户外、水上运动、航空运动等专项运动产业发展规划,挖掘运动项目产业发展潜力。对新型健康服务机构、跨界融合服务等探索实行包容、审慎、有效监管。完善民办教育分类登记管理制度。规范和引导共享单车等消费新业态有序发展。扩大医疗、教育、养老、新能源汽车等领域开放。

二是健全消费政策体系，推动居民消费扩大升级。持续推进"十大扩消费行动"。支持新能源汽车消费，将新能源汽车车辆购置税优惠政策再延长三年，全面取消二手车限迁政策，扩大汽车平行进口试点范围。壮大信息消费市场，推动数字家庭、远程定制、体验分享等信息消费新模式发展，加大网络提速降费力度，取消流量"漫游"费，移动网络流量资费年内至少降低30%。鼓励和引导节能、环保、低碳等绿色产品消费。积极发展通用航空。完善免税店政策，下调汽车、部分日用消费品等进口关税。推广引导城乡居民扩大文化消费试点工作有效模式。推动公共体育场馆免费低收费开放补贴政策向社会场馆和中小场馆延伸、拓展。全面推进医养结合，推动营养健康食品产业发展。构建养老产品服务供给体系，实施养老院服务质量专项行动。推进家政服务从业人员职业化建设，引导家政服务企业做大做强。建立健全更好反映居民消费升级趋势体现消费整体状况的统计体系。

三是完善质量标准体系，提升产品和服务水平。深入开展消费品"增品种、提品质、创品牌"专项行动，组织开展重点行业国际对标和产品品质对比活动。进一步扩大出口食品农产品内外销"同线同标同质"工程实施范围，加快制定消费品"同线同标同质"评定规定。研究制定全国统一的养老服务标准与评价体系。实施中华老字号保护发展工程。制订修订相关产品能效"领跑者"制度实施细则，遴选并发布能效"领跑者"产品目录，拓宽能效标识实施范围。

四是加强信用、监管等市场体系建设，营造良好消费市场环境。推动社会信用体系建设取得新突破，推进统一社会信用代码制度，建立联合奖惩措施清单，推进社会信用体系建设示范城市创建工作。加强重点行业和领域消费侵权查处，依法查处各类侵害消费者权益的行为。建立旅游市场"重点监管区"机制，实施联合治理和精准治理。进一步规范互联网售票业务，构建公平、合理的票价体系。开展能效标识监督检查,打击能效虚标。创新食品药品监管方式,加快实现全程留痕、信息可追溯,让消费者买得放心、吃得安全。

五是补齐消费领域基础设施短板,提升消费者消费体验。组织实施"百兆乡村"示范及配套支撑工程。重点提升中西部地区、网络扶贫试点地区等农村宽带网络支撑水平。加强商贸流通网络建设。开展城乡高效配送专项行动,构建城乡配送骨干网。引导社会资本加大旅游业投资,推进旅游厕所、自驾车房车营地等旅游基础设施建设。加快乡镇电影院和农村固定放映点建设。支持企业加快线上线下体验中心建设,积极运用虚拟现实、增强现实、交互娱乐等技术丰富消费体验。组织实施"互联网+"重大工程,进一步改造升级光纤宽带网络,推动大数据、云计算、物联网广泛应用。

(国家发展改革委国民经济综合司、

宏观经济研究院经济研究所)

第二章　信息消费发展情况

当前,中国特色社会主义进入新时代,我国经济已由高速增长阶段转向高质量发展阶段,需进一步增强消费对经济发展的基础性作用。信息消费作为新兴的消费领域,已成为创新最活跃、增长最迅速、辐射最广泛的经济领域之一,对拉动内需、促进就业和引领产业升级发挥着重要作用。党中央、国务院高度重视发展信息消费,自2013年起相继印发了《关于促进信息消费扩大内需的若干意见》(国发〔2013〕32号)、《关于进一步扩大和升级信息消费持续释放内需潜力的指导意见》(国发〔2017〕40号),着力促进信息消费纵深发展、融合发展,在更高水平、更高层次、更深程度上实现供需平衡,不断满足人民群众日益增长的消费需求,推动经济社会持续健康发展。

一、信息消费发展成效显著

(一)信息消费规模快速增长

信息消费主要包括信息产品消费和信息服务消费。其中,信息产品包括智能手机、可穿戴设备、数字家庭等各类联网产品;信息服务包括通信服务、互联网信息服务、软件应用服务等。近年来,信息产品与信息服务在国民经济各领域的渗透和应用日益广泛,孕育形成了新的经济增长点,开辟了更为广阔的消费空间。据中国信息通信研究院统计测算,信息消费规模①由 2013 年的 2.2 万亿元增长至 2017 年的 4.5 万亿元,年均增幅高达 20%,为同期最终消费增速的 2 倍左右,占最终消费支出的比重提高到 10%。

图 2-1　2013—2017 年中国信息消费规模

图 2-2　2013—2017 年中国信息消费结构变化情况

① 居民和政府部门在核算期内对信息产品或信息服务的最终使用。

从结构来看,移动互联网应用的蓬勃发展带动信息服务高速增长,信息服务消费占比持续提升,规模由 2013 年的 0.6 万亿元提升至 2017 年的 2.1 万亿元,占信息消费比重由 27.3% 持续提升至 46.7% 左右。

(二)信息基础设施能力显著提升

近年来,政府联合运营商多措并举,深入实施"宽带中国"战略,努力加强信息基础设施网络建设,扎实推进网络提速降费工作,不断提升网络基础支撑能力,持续推进资费水平下降,有力支撑了信息消费扩大升级。目前,我国已建成大容量、高速率、高可靠的信息通信网络,光纤宽带和 4G 网络实现后发赶超。截至 2017 年 6 月底,城市地区 90% 以上家庭具备光纤接入能力,4G 网络覆盖全国所有城市和主要乡镇。自 2014 年开始,"宽带乡村"示范工程共支持 2.38 万个行政村通信网络升级改造,对夯实中西部农村地区的信息基础设施建设发挥了关键作用。2015 年底启动电信普遍服务试点以来,共组织实施三批 326 个地市试点,2017 年支持的 3.2 万个行政村全部确定,预计试点建设完成后全国行政村光纤通达比例将超过 90%。

(三)信息消费带动作用凸显

信息消费作为消费的重要组成部分,蕴藏着巨大的发展潜力和空间,成为扩大内需、推动经济增长的重要力量。据测算,2017 年信息消费对 GDP 增长贡献已经超过 0.4 个百分点。信息消费对国民经济的贡献不仅仅局限于其作为社会消费品市场的组成部分,更为重要的是,智能联网产品、在线教育、在线医疗、共享经济等新消费热点突破传统消费增长瓶颈,有力推动着消费保持强劲增长势头。共享经济等信息服务消费蓬勃发展,相关数据显示,2017 年网络约租车用户规模约 2.9 亿,同比增长 27.5%;网络订外卖用户规模约 3.4

亿,年增长达65%。2017年,全国网上零售额7.2万亿元,同比增长32.2%,其中实物商品网上零售额5.5万亿元,增长28.0%,占社会消费品零售总额比重达到15.0%,比上年提高2.4个百分点。

二、信息消费呈现新特征新趋势

(一)信息消费群体纵向扩张

信息基础设施是信息消费供给的必要条件和重要载体,网络支撑能力、资费水平、普及程度等决定了信息消费的覆盖面。随着信息基础设施覆盖范围的扩大和支撑能力的升级,移动宽带在消费者中的普及率持续提升,以此为基础,信息消费群体大幅扩张,新兴主体快速崛起。

1. 消费者网络普及水平持续提升

截至2017年底,我国固定宽带用户近3.5亿,家庭宽带普及率超73%,较五年前基本翻番。光纤宽带用户占比达84%,位列全球第一。移动宽带用户发展迅猛,3G和4G用户总数达11.3亿户,占移动电话用户数的近80%,4G用户规模迅速壮大,接近10亿户,渗透率达70%。电信普遍服务的深入推进,填补了大量农村居民接入互联网的"空白",农村网民规模突破2亿人。微信仅用4年时间就发展为国内第一、全球第二的移动即时通信平台,月活跃用户数超9.8亿。

2. 新兴消费主体快速崛起

新生代信息消费群体不断壮大,20—39岁年龄段的网民占比达到53.5%,80后、90后在网络购物用户中占比超过65%,成为网络零售消费的中坚力量,"拇指消费"渐成主流,带动信息消费向个性化、品质化方向升级。同时,网络接入环境日益普及、媒体宣传范围广泛,增加了中老年群体接触互联网的机会,互联网使用主体向中高龄人群渗透,40岁以上的网民比例达24.7%,较2013年底提高5.6个百分点。

(二)信息消费边界不断拓展

近年来,随着互联网与经济社会的融合更加深入,新技术、新产品、新业态、新模式不断涌现,信息消费产品和信息服务的边界正在快速扩展。

1.消费产品由传统信息产品延伸至新型智能联网硬件

新一代智能硬件变革推动联网设备边界从传统的PC、手机和电视等信息通信设备向可穿戴、汽车等一般物品广泛延伸,家庭居住、个人穿戴、交通出行、医疗健康等新型智能硬件产品层出不穷,产品共享化、智能化和应用场景多元化趋势日益凸显。我国智能可穿戴、智能家居产品的市场规模均达到数十亿到百亿元级别,消费级无人机等产品达到全球领先水平。例如,在可穿戴设备领域,面向消费者运动、娱乐、社交、健康等需求的智能手表、智能手环、虚拟现实、智能诊断监护设备等产品日益普及。在消费级无人机领域,市场体量持续扩大。预计到2018年,我国智能硬件全球市场占有率将超过30%,产业规模超过5000亿元。

2.消费服务由"纯线上"转向"线上线下"结合

信息服务应用持续升级,居民的通信需求由传统的语音、短信向数据流量转变。数据流量消费爆发式增长,占居民通信支出的比重由2013年的30%提高到2016年的52%,并持续提升。"互联网+"和生产生活各领域深度融合,由第三产业向第二产业、第一产业加速渗透,从消费互联网快速向产业互联网快速拓展。电子商务、出行旅游和企业服务成为信息服务消费热点领域,2017年第四季度上述三个领域的互联网投融资金额分别达到53.3亿、7.3亿和3.1亿美元,

18

广受投资者青睐。

线上线下融合创新活跃,交通出行、上门服务、餐饮外卖等应用迅速崛起,农业电商、工业电商等应用快速发展,在线医疗,在线教育等民生类信息消费持续扩大。2016年在线教育用户规模达1.38亿户,市场规模达1560亿元,同比增长27%,预计未来几年将继续保持20%的增速。

(三)信息消费模式深刻调整

1. 共享模式快速兴起

在"互联网+"行动和"双创"的推动下,共享单车、分时租赁等共享经济模式快速兴起,颠覆了传统消费方式,"使用而不购买"新消费观念被广泛接受,"分享"理念依托网络在消费领域广泛渗透,在出行、短租、内容分享等领域涌现一批新业态新模式,成为最具增长潜力的信息消费新模式之一。据国家信息中心测算,2017年我国共享经济交易额约4.9万亿元,同比增长47.2%,参与者总人数超过7亿人。

2. 有偿使用渐入人心

在信息消费1.0阶段,免费模式盛行。在此阶段,新闻、搜索、电邮、音视频等互联网信息服务企业一般不直接面向使用产品的用户收费,而主要采用用户免费、通过第三方广告等形式获利。例如,360杀毒软件通过免费模式吸引大量电脑用户安装360安全软件,将数以亿计的用户聚集到360的平台上,同时吸引广告商入驻,通过竞价排名收取广告费(一种传统广告模式,按展示位置和时间收费),通过为其他平台引流,获取分成收入(一种新型广告模式,按点击率或转化率收费)。

在信息消费2.0阶段,付费理念逐渐兴起。越来越多的用户愿意为了优质、个性的视频、音乐、游戏、教育等资源付出费用,有偿使用的用户群体日益壮大。以网络视频为例,来自付费用户的收入占总收入的比重从 2013 年的 5.1%增加至 2016 年的 19.3%,预计 2017年突破 25%。以"为知识付费"为例,70%的学习者为在线教育学习付费;又如,2016 年我国网络视频付费用户规模突破 7500 万,约为2014 年的 8 倍,用户付费意愿显著增强。

(四)信息消费体验明显改善

移动互联网、在线支付、物流快递等支撑手段日益成熟和便利,网络安全保障能力不断增强,个人银行账户和支付账户身份认证工作深入落实,打击通讯信息诈骗工作取得阶段性成效,诈骗电话、垃圾短信、骚扰电话减少,敢消费、愿消费的市场环境逐步完善。

1. 用户使用互联网成本大幅下降

固定宽带、移动数据资费连续 6 年快速下降。2017 年固定宽带月户均费用(ARPU 值)同比下降 18.2%,移动数据资费同比大幅下降 51.8%。从国际对比看,国际电信联盟(ITU)2016 年数据显示,我国固定宽带包月资费在 182 个国家中排名第 89 位;移动数据流量资费在全球 178 个国家排名第 53 位(由低到高),处于中低水平。

2. 应用设施服务能力加速升级

我国云计算快速发展壮大,已成为培育信息消费新模式新业态、提升信息消费用户体验的重要支撑。云计算应用范畴不断拓展,用户群体正在由中小企业向大型企业、政府机构、金融机构快速延伸拓展;服务领域正从游戏、电商、视频向制造、政务、金融、教育、医疗等领域渗透延伸。云服务水平大幅提升,在 12306、"双十一"等复杂的应用场景下,云计算平台能够有效满足数以亿计的海量用户并发需求,用户信息消费体验得到显著提高。

3. 高效物流实现便捷交易

电子商务的飞速发展推动中国智慧物流步入快车道。2017 年,全国快递服务企业业务量累计完成 400.6 亿件,增长 28%,规模连续

4 年稳居世界第一。建设深度感知智能仓储系统,一方面对现有仓储设施进行升级改造,从货架、叉车到手持终端,全面联网化;另一方面建立智能仓储管理信息系统,将有形无形资源高效运营起来,做强起始"一公里"。

4. 移动支付实现全场景消费

伴随无处不在的移动网络、智能终端的广泛普及和方便快捷的移动支付,消费正全面迈入移动时代,人们基于互联网实现了衣食住行等各个方面的全场景消费,大到连锁超市、小到个体摊位,到处都能看到支付宝、微信等移动支付手段的标识。移动支付、无现金成为我国引领世界创新潮流的"新名片",出门不带钱,"一部手机走天下"成为信息消费 2.0 阶段的典型时代特征。2017 年移动支付交易达 375.5 亿笔,金额 202.9 万亿元。移动支付全面渗透老百姓的日常生活,商场、餐馆、街边小店都支持手机扫码支付,支付宝和微信支付正加速向东南亚、日本、韩国、中国香港、中国台湾等 20 多个国家和地区拓展。杭州成为全球移动支付典范城市,98% 的出租车支持移动支付,已有超过 95% 的超市便利店可使用移动支付。

三、扩大和升级信息消费面临的新挑战

(一)消费能力尚未充分释放

需求端存量市场放缓或趋于饱和,增量市场潜在需求尚未充分释放,城乡、区域之间数字鸿沟长期存在,农村居民、中老年等人群缺乏数字技能,部分区域和人群的信息消费覆盖面还处于较低水平。消费者数字技能缺乏制约农村互联网普及。国际电信联盟发布的 ICT(信息通信技术)发展指数显示,2016 年我国 ICT 技能在全球排名第 92 位,处于全球中下水平,居民 ICT 使用技能有待提高。尤其是在中老年消费者中,受不懂电脑和网络、互联网接入设备受限、互联网使用技能缺乏等因素制约,"信息文盲"占比依然较高。

(二)有效供给创新不足

即时通信、搜索引擎、网络资讯等已有线上业务趋于饱和,网民使用率超过80%,增长率低于10%。优质的数字内容供给仍有较大缺口,在线教育、智慧医疗、知识分享等新兴应用的使用率偏低,行业融合应用的广度和深度有待拓展,亟需进一步创新服务模式、丰富服务内容,满足消费者个性化、小众化的信息消费升级需求。我国电子信息产业仍处于全球价值链中低端,中高端产品供给不足,低端产品产能过剩。融合型信息产品没有实现规模发展,智能网联车、智能手表等产品尚未形成统一标准,碎片化发展问题凸显;前沿信息产品供给尚不丰富,虚拟现实、无人机、智能机器人等领域能够引领信息消费热点的高端产品尚不多。

(三)平台支撑能力不足

平台化生态化是信息消费2.0阶段的典型特征,网络平台成为连接消费和生产的核心中介。信息消费模式创新对平台快速响应能力和精细化支撑能力提出更高要求,商贸、生活、交通、物流、教育、工业、医疗等垂直细分领域,必须借助网络平台提供服务、打造生态、创造价值。当前,我国电子商务、智慧物流、生活服务等应用平台还存在同质化竞争现象,平台的商业模式创新不足;同时云平台、大数据中心等基础平台区域部署不平衡,传统领域利用云服务等应用水平偏低,平台供需结构也有待改善。

(四)消费环境更趋复杂

信息消费环境日趋复杂,线下线上问题聚合交错,突破了原有的监管边界,给行业监管带来行业交叉、管理空白等新问题、新挑战。平台治理对象数量庞大、违规行为类型多样、业务模式迭代迅速,以事前审批为主的治理方式和依靠人力集中检查的治理手段难以适应发展。亟须探索新型监管方式,做好新业态的引导和培育工作。同时,大量融合性的新业态快速创新发展,现有的统计监测体系无法满足信息消费发展要求。同时,假冒伪劣商品、虚假宣传等传统消费问题在网上易被快速复制放大,新产品新技术带来的安全形势日趋严峻,消费者个人信息保护等问题突出。需要继续做好引导工作,加强支持力度,有效推动我国信息消费持续升级。

四、下一步政策建议

(一)进一步提升产业供给能力

供给侧结构性改革的主攻方向就是全面提高产品和服务质量。以实施"增品种、提品质、创品牌"为重要内容,通过个性化定制、供需精准对接,实现信息产品质量的持续提升。加强人工智能核心技术研发和产业化应用,大力发展智能服务机器人、智能可穿戴设备、虚拟现实/增强现实、无人机等高端智能终端,丰富数字家庭产品供给,支持企业研发智能电视、智能家庭健康监护设备等信息产品,加快提升"互联网+"环境下的综合集成服务能力,发展"平台+生态""线上+线下""产品+应用"的服务模式,增加中高端信息产品和服务供给。

(二)进一步提高信息基础设施支撑能力

推动光纤和4G网络广泛覆盖,力争2020年实现5G商用,加快物联网、工业互联网、云计算等信息基础设施建设。针对农村信息网络的不足和短板,继续开展电信普遍服务试点,重点支持中西部省份、贫困地区、革命老区宽带建设,到2020年实现98%的行政村通光纤。推介适合农村及偏远地区的移动应用软件和移动智能终端,构建面向新型农业经营主体的生产和学习交流平台,让更多人群能用得上、用得起、用得好信息服务。

(三)进一步提升消费者数字技能

全面提高国民信息素质,通过多种方式开展宣传引导活动,面向各类消费主体特别是信息知识相对薄弱的农牧民、老年人等群体,普及信息应用、网络支付、风险甄别等相关知识。组织开展信息类职业技能培训活动,依托企业、行业协会等社会力量开展信息技能培训。全面提升平台、支付、物流等支撑能力建设,拓展网络信息技术在社会民生领域的应用。

(四)进一步增强体验并推动全过程成本下降

鼓励地方和行业结合当地信息消费发展特色和优势,开展"信息消费城市行",信息消费体验周等体验活动。支持企业加快线上线下体验中心和体验馆建设。开展信息消费系列大赛,提高消费者对信息消费的兴趣和认识。深入挖掘网络降费潜力,加快实现网络资费合理下降,建立标准化、信息化的现代物流服务体系,推进物流业降本增效。推广小额、快捷、便民的小微支付方式,降低信息消费金融服务成本。

(五)进一步构建安全可信的信息消费环境

持续深化"放管服"改革,坚持包容审慎监管理念,进一步巩固和扩大行政审批制度改革成果,全面实施市场准入负面清单制度,放宽新业态新模式准入门槛,加强和改进事中事后监管,为新型信息产品和服务发展营造广阔空间。坚持发展与安全并重,完善失信惩戒制度,加大对通讯信息诈骗、制售假冒伪劣商品等违法违规行为惩处力度,加强个人信息保护,为激发信息消费活力提供安全保障。

（国家发展改革委高技术产业司、

工业和信息化部信息化和软件服务业司、

中国信息通信研究院）

第三章　绿色消费发展情况

绿色产品是指在保证产品性能的基础上,对人体健康无害或危害小、能源资源利用效率高、生态环境友好的产品。扩大绿色产品消费规模、提升绿色产品消费水平是建设生态文明、促进绿色发展、创造美好生活的重要内容。近年来,绿色消费理念日益深入人心,绿色产品供给不断扩大,绿色消费规模持续增长,绿色产品市场逐步规范,绿色产品消费发展态势总体良好。

一、绿色产品消费发展态势良好

(一)绿色消费品种不断丰富

随着人民生活水平的提高,居民消费不断升级,消费内容发生了显著变化,从注重量的满足逐步转向追求质的提升,绿色消费悄然兴起。绿色消费品种不断丰富,节能家电、节水器具、有机产品、绿色建材等产品走入千家万户,空气净化器、家用净水设备等健康环保产品销售火爆,循环再生产品逐步被接受,新能源汽车成为消费时尚,共享出行蓬勃兴起。

(二)绿色产品消费规模持续增长

近年来,在促进绿色消费有关政策措施推动下,绿色产品供给逐步优化,市场规模不断壮大。据保守估算,2017年,高效节能空调、电冰箱、洗衣机、平板电视、热水器等5类产品国内销售近1.5亿台,销售额近5000亿元;有机产品产值近1400亿元;新能源汽车销售77.7万辆;共享单车投放量超过2500万辆。2012年至2016年,我国节能(节水)产品政府采购规模累计达到7460亿元。阿里零售平台绿色消费者人数在2012—2015年间增长了14倍,占活跃用户数的16%。

(三)绿色产品消费政策不断健全

近年来,中共中央、国务院印发了《生态文明体制改革总体方案》《废弃电子电器产品回收处理管理条例》《关于建立统一的绿色产品标准、认证、标识体系的意见》《"十三五"节能减排综合工作方案》等文件,国务院相关部门印发了《关于促进绿色消费的指导意见》《"十三五"全民节能行动计划》《循环发展引领行动》《促进绿色建材生产和应用行动方案》《工业绿色发展规划(2016—2020年)》《关于开展"节能产品惠民工程"的通知》《关于加快推动生活方式绿色化的实施意见》《关于鼓励和规范互联网租赁自行车发展的指导意见》《企业绿色采购指南(试行)》等文件,对强化绿色健康消费理念、促进绿色产品供给和消费发挥了重要作用。目前我国促进绿色产品消费的制度体系初步建立,国家正在实施节能(节水)产品和环境标志产品认证、节能产品和环境标志产品政府采购、能效水效标识、绿色建材评价标识、能效水效环保"领跑者"、节能节水和环境保护专用设备企业所得税优惠等制度,北京、上海等部分地区采用财政补助的方式推广高效节能产品。

(四)绿色产品消费生态环境效益逐步显现

据估测,2017年国内销售的高效节能空调、电冰箱、洗衣机、平板电视、热水器可实现年节电约 100 亿千瓦时,相当于减排二氧化碳 650 万吨、二氧化硫 1.4 万吨、氮氧化物 1.4 万吨和颗粒物 1.1 万吨。2016 年,我国废旧纺织品综合利用量 360 万吨,可节约原油 460 万吨,节约耕地 410 万亩。2017 年,居民骑行共享单车可减排二氧化碳 420 万吨,滴滴顺风车、拼车共享出行服务可节约燃油 130 万吨,相当于减排二氧化碳 370 万吨。

二、重点领域绿色产品消费情况

(一)节能节水产品

节能、节水产品是指依据强制性能效、水效国家标准,能效、水效 2 级及以上的终端用能、用水产品。推广使用节能、节水产品可以取得消费者得实惠、企业得效益、全社会节能减排的积极效果。国家通过实施能效水效标准和标识、节能节水产品认证和政府采购、节能产品惠民工程、能效水效"领跑者"制度、打击能效水效虚标等一系列政策措施,引导和规范节能节水产品市场,扩大节能节水产品消费规模,取得了显著成效。北京、上海等地方设立节能产品超市,采取财政补贴扩大节能节水产品消费。苏宁、国美等大型零售商通过开辟节能产品专区、开展节能产品促销、实施消费积分等措施推广节能产品。

2017 年,我国家电行业零售额达 1.7 万亿元,同比增长 9.0%。空调、电冰箱、洗衣机、平板电视和热水器五类产品总销售量较 2013 年增长 15.4%。2017 年,空调国内销售量约 8900 万台,同比增长 46.8%,其中节能空调销售量约 2300 万台,同比增长 82.2%;电冰箱国内销售量约 4500 万台,同比下降 5.2%,其中节能产品销售量约 3400 万台,同比下降 28.0%(主要原因是能效标准升级提高了节能电冰箱能效门槛）；洗衣机国内销售量约4400万台，同比增长7.3%，其中节能产品销售量约3600万台，同比增长19.8%；平板电视国内销售量约5300万台，同比下降4.7%，其中节能产品约1600万台，同比增长18.1%。热水器国内销售量约4200万台，同比增长4.4%，其中节能产品销售量约4000万台，同比增长6.5%。2017年空调、电冰箱、洗衣机、平板电视和热水器节能产品销售量见图3-1（数据来源：产业在线、中怡康）。

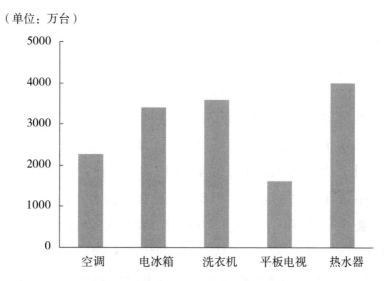

（单位：万台）

图3-1　2017年空调、电冰箱、洗衣机、平板电视和热水器节能产品销售量

在超高效产品推广方面，2014年国家发展改革委、工业和信息化部、质检总局建立了能效"领跑者"制度，通过树立标杆、政策激励、提高标准，形成推动用能产品能效水平不断提升的长效机制。2016年电冰箱、变频空调、平板电视能效"领跑者"产品（18家企业150个型号）市场反响热烈，年推广近500万台，市场占有率达到3%。能效"领跑者"制度有力促进了超高效节能技术应用，如高增益光学部件和材料、高光效LED、区域调光和动态背光技术、低待机功耗电源、能源管理芯片等技术在平板电视中得到应用。

在家用照明领域,LED 照明产品光效高、寿命长,作为新一代绿色照明产品逐渐深入人心。2017 年,我国 LED 照明产品产量超过 106 亿只,同比增长 34%;国内销售量超过 47 亿只,同比增长 39%。2017 年,LED 家居照明产品在用量超过 22 亿只,同比增长 37%(数据来源:国家半导体产业联盟)。

2017 年,我国水嘴产量约 2 亿件,同比增长 15% 左右,其中节水型水嘴产量 4500 万件。2017 年,坐便器产量约 7000 万件(其中出口量约占 30%),节水型坐便器国内销售量 1800 万件(数据来源:中国建筑卫生陶瓷协会)。

为充分发挥公共机构率先垂范作用,2004 年财政部、国家发展改革委推行节能产品政府采购制度,发布节能产品政府采购清单。截至 2017 年,共发布二十二期节能产品政府采购清单,第二十二期清单包括 28 个四级品目,62 种产品,949 家企业,309651 个产品型号/系列。截至 2017 年,获得"节"字标的节能节水产品认证证书的企业 4812 家,证书数量为 104816 张,分别同比增长 15.8% 和 16.1%。2004 年,我国实施能效标识制度,目前能效标识覆盖 37 类产品,备案的生产企业超过 1.4 万家,产品型号超过 136 万个(数据来源:中国质量认证中心、中国标准化研究院)。

(二)健康环保产品

随着消费升级、生活品质的提高,居民对室内空气质量和饮用水水质等的要求越来越高,空气净化器、家用净水设备等健康环保产品成为消费热点,消费规模不断扩大。2017 年,空气净化器产量、国内销售量分别为 1357 万台、444 万台,同比增长 26.1% 和 2.3%;家用净水设备产量、国内销售量分别为 1629 万台、1477 万台,同比增长 11.4% 和 12.6%,见图 3-2(数据来源:产业在线)。

（单位：万台）

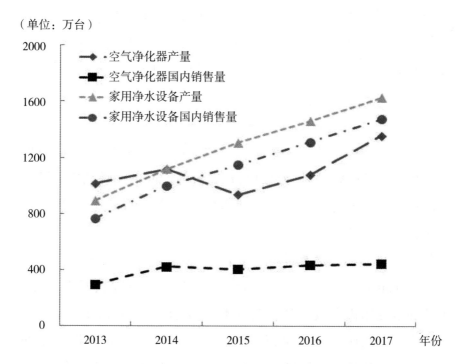

图 3-2 2013—2017 年空气净化器、家用净水设备产量和销售量

　　空气净化器和家用净水设备行业在快速发展过程中,产品种类推陈出新,性能质量优化升级,市场走向规范。空气净化器"高CADR(洁净空气输出比率)值、大CCM(累计净化量)值、高能效值、低噪音"成为技术发展趋势,从单一的去除颗粒物发展到除气态污染物(如甲醛、TVOC(总挥发性有机化合物))、除异味、除菌等复合型产品。反渗透家用净水设备成为主流产品,大通量、超静音、低废水、UV(紫外线)杀菌等功能成为市场新宠。2016年以来,GB/T 18801—2015《空气净化器》、GB 34914—2017《反渗透净水机水效限定值及水效等级》等国家标准先后实施,推动了行业有序竞争和市场规范发展。

　　为帮助消费者正确认识和选择环保产品,引导绿色消费,1994年,我国实施环境标志产品认证。目前,中国环境标志现行有效标准

99 项,涉及纺织品、建材、涂料、五金、厨具、家电、汽车、日用品等多个行业。2017 年,环境标志产品有效证书 4559 个,涉及近 3700 家企业,40 多万种型号(数据来源:中环联合认证中心)。

(三)循环再生产品

产品循环再生是指废品回收后经过加工实现再生利用,主要包括纺织品、饮料瓶、废纸、办公设备、电机等产品的循环利用。随着公众循环再生意识的增强以及循环再生产品质量的提升,循环再生产品逐步得到社会认可。

截至 2017 年,我国累计发布七批《再制造产品目录》,获得再制造产品认定的企业共 61 家,涉及 11 大类、40 种产品、9528 个型号,包括静电复印机和数字多功能一体机、铝合金车门、汽车发动机等。

我国是纺织工业大国,年纤维加工总量达 5000 万吨,废旧纺织品产生量增长较快。2016 年废旧纺织品综合利用量 360 万吨,综合利用率约 18%。2015 年,我国塑料饮料瓶消费量超过 500 万吨,约为 2000 亿个,基本实现全部回收。我国造纸产销保持平稳态势,2016 年纸及纸板生产总量 1.08 亿吨,表观消费量 1.04 亿吨;废纸全年回收总量 4963 万吨,同比增长 2.7%,呈现缓慢上涨态势。由于电子媒体的迅猛发展及其对平面媒体的冲击,以及网购和新兴物流的兴起,报纸新闻纸回收量明显下降,包装用纸的废弃量快速增长(数据来源:中国循环经济协会)。

(四)有机产品

有机产品是指生产、加工、销售过程符合中国有机产品国家标准,获得有机产品认证证书,并加施中国有机产品认证标志的供人类消费、动物食用的产品。随着消费者对健康和环保的要求不断提高,有机产品的需求明显上升,有机产品生产消费迅速增长。目前,我国共有 60 余家认证机构开展有机产品认证活动,1.1 万余家企业获得 1.7 万余张有机产品认证证书,备案的有机标志已超过 17 亿枚。

我国有机产品产值逐年升高。从 2014 年开始,我国有机产品产值超过 1000 亿,2016 年达到 1323 亿元,是 2012 年产值的 2.2 倍,见图 3-3。获得认证的有机植物生产面积达 195 万公顷,家畜和水产品总产量 135 万吨,加工产品 228 万吨。

（单位：亿元）

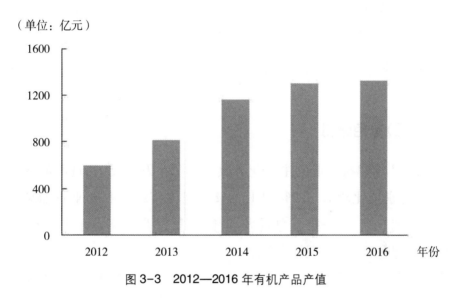

图 3-3　2012—2016 年有机产品产值

我国有机产品主要分为四大类:植物类、畜禽类、水产类及加工类产品。其中,有机加工产品、水果与坚果、有机谷物产值分别占总产值的 65.1%、8.3% 和 7.4%,见表 3-1(数据来源:国家认监委)。

表 3-1　2016 年我国各类有机产品产值　　　　（单位:亿元）

产　品	产　值	占　比
加　工	862	65.1%
水果与坚果	110	8.3%
谷　物	97	7.4%
蔬　菜	56	4.2%
其他作物	37	2.8%

产　品	产　值	占　比
畜　禽	34	2.6%
水　产	33	2.5%
大豆及其他油料作物	31	2.3%
茶	21	1.6%
动物产品	19	1.5%
青储饲料	14	1.0%
野生采集	9	0.7%
总　计	1323	100%

（五）绿色建材

2017 年建材行业的主营业务收入达 7.5 万亿元,实现利润 5173 亿元,分别同比增长 8.0% 和 17.4%。我国传统建材工业面临着能源资源消耗高、污染排放总量大、产能严重过剩等突出矛盾,亟待加快发展绿色建材,实现绿色发展。

绿色建材是指在全生命周期内减少天然资源消耗和减轻生态环境影响,具有"节能、减排、安全、便利和可循环"特征的建材产品。近年来,工业和信息化部、住房城乡建设部等部门组织开展促进绿色建材生产和应用专项行动,出台了绿色建材评价管理办法、评价技术导则,加强标准制订修订工作,支持地方和企业开展试点示范。2017 年,质检总局、住房城乡建设部、工业和信息化部、国家认监委、国家标准委五部门印发了《关于推动绿色建材产品标准、认证、标识工作的指导意见》。

绿色建材发展取得积极进展。一是建材工业绿色化进程明显加快。据不完全统计,水泥行业已建成水泥窑协同处置生活垃圾、污泥等生产线约 80 条,在建和拟建的水泥窑协同处置生产线近百条。二是绿色建材产品品种不断丰富。低能耗建筑用保温隔热材料、海绵城市用防水、透水和蓄水材料、装饰装修用功能性材料、太阳能建筑用光伏光热产品、智能家居用集成化智能化产品等层出不穷。三是绿色建材规模不断扩大。共有 416 个绿色建材产品获得三星级绿色建材评价标识，防水材料、保温材料及制品、水泥混凝土压力管的产量同比增长均超过 20%，全国 low-E 玻璃产量已超过 1.6 亿平方米，年均增长约 7%（数据来源：工业和信息化部）。

（六）新能源汽车

新能源汽车是一种发展前景广阔的绿色交通工具，主要包括纯电动汽车、插电式混合动力汽车等。国家高度重视新能源汽车推广工作，相继出台了一系列政策，包括通过财政补贴方式推广、免征车辆购置税、实施"双积分"政策、提高贷款发放比例等，促进了新能源汽车消费，引导了新能源汽车产业高质量发展。2017 年 4 月，工业和信息化部、国家发展改革委、科技部印发《汽车产业中长期发展规划》，提出到 2020 年新能源汽车年产销量达到 200 万辆，到 2025 年新能源汽车占汽车产销量 20% 以上。

我国新能源汽车行业发展迅猛，市场规模迅速增长。2017 年，新能源汽车产销量分别为 79.4 万和 77.7 万辆，同比增长 53.8% 和 53.3%，分别是 2013 年的 45 和 44 倍，2013—2017 年新能源汽车销售情况见图 3-4。新能源汽车在汽车销售市场占比达到 2.7%，比 2016 年提高 0.9 个百分点（数据来源：中国汽车工业协会）。

2017 年新能源乘用车产销量分别为 59.2 万和 57.9 万辆，新能源商用车产销量分别为 20.2 万和 19.8 万辆。纯电动车是新能源汽车销售主力，约占 84%，见图 3-5。新能源汽车性能不断提升，动力电池单体比能量达到 250 瓦时/公斤，较 2016 年提高近 15%，主流电动汽车续驶里程达到 300 公里（数据来源：中国汽车工业协会）。

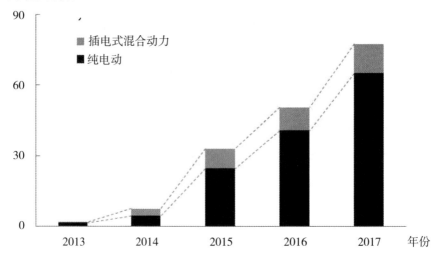

（单位：万辆）

图 3-4 2013—2017 年新能源汽车销售量

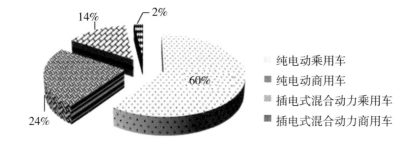

图 3-5 2017 年新能源车的销售量构成比例

在政策大力推动下,充电基础设施的建设对解决充电难题、促进新能源汽车消费发挥了积极作用。2017 年全国公共类充电基础设施保有量约 21 万个,月均新增约 6000 个。随车配建私人类充电基础设施约 23 万个。新能源汽车车桩比约 3.8∶1,纯电动乘用车车桩比约 1.8∶1。北京、广东和上海公共类充电基础设施保有量位列全国前三名(数据来源:中国电动汽车充电基础设施促进联盟)。

(七)共享出行

共享出行是共享经济模式下的一种新型绿色出行方式,即按照自己的出行要求支付费用,以共享、合乘方式与其他人共享车辆,包括共享单车、共享汽车、顺风车、拼车等出行模式。

共享单车通过在校园、地铁、公交站点、居民、商业及公共服务区提供自行车共享服务,满足公众短距离出行和公共交通接驳换乘等需求。2016 年,共享单车融入百姓生活,不到一年时间就在全国大中小城市快速普及,甚至走出国门。"便捷""环保"成为共享单车的名片,不但给市民生活带来了便利,而且有效解决了城市交通"最后一公里"的问题。2017 年,共享单车覆盖全国 200 多个城市,投放量超过 2500 万辆。以公众常见的 ofo 和摩拜共享单车为例,截至 2017 年,ofo 和摩拜用户均达到 2 亿左右,日订单均超过 3000 万。单次骑行以 6—20 分钟、0.5—2 公里为主,每辆车每天平均使用时间约 76 分钟(数据来源:ofo 和摩拜)。

近年来,拼车、顺风车成为出行时尚,被广泛接受。以滴滴平台为例,截至 2016 年 6 月,使用乘客数突破 3000 万人,共运送 2 亿人次,总行驶里程达 30 亿公里。2017 年滴滴顺风车和快车拼车服务累计分享座位超过 10.5 亿个。2017 年滴滴将"拼车"升级为"拼座"模式,拼成率大幅提升(数据来源:滴滴出行)。

共享汽车在我国刚刚起步,用户量级较小。2017 年,国家鼓励共享汽车分时租赁模式,北京、上海、天津等省市出台了鼓励政策,上海、合肥、湖南等省市给予分时租赁新能源汽车运营购车补贴,共享汽车逐步进入公众视野。

三、绿色产品消费存在的主要问题

我国绿色产品消费取得了积极成效,但是还存在绿色消费意识不强、有效供给和需求不足、市场还不规范、政策措施有待强化等问题。

（一）绿色消费意识不强

我国居民粗放式消费习惯由来已久，过度消费、奢侈浪费、炫耀性消费等现象普遍存在，盲目追求贪大求洋，很多消费者在衣、食、住、行、游的日常生活中还未养成健康、环保、适度的消费习惯，绿色生活方式还没有成为社会风尚，绿色消费意识比较薄弱。

（二）有效供给和需求不足

当前，我国消费供需关系面临"高端不足，低端过剩"的结构性失衡。从供给看，企业研发生产绿色产品的意愿不足，创新能力和核心竞争力不强，部分企业炒作"绿色"概念，绿色产品有效供给不足。从需求看，绿色产品成本较高，存在"叫好不叫座"现象，市场需求还有待进一步挖潜。

（三）市场还不规范

目前，绿色产品消费市场亟待规范，企业违法成本低，绿色产品性能虚标现象还比较突出，以次充好、以假充真现象频现，"劣币驱逐良币"，影响了消费者购买信心，挫伤了企业生产积极性。

（四）政策措施有待强化

促进绿色产品消费的法律法规还不健全、政策尚不完善，标准滞后落后、财税政策还未完全落地、招投标机制有待改进、宣传推广不够有力、知识产权保护不够充分、市场监管还不到位，未能有效激励和引导市场主体和消费者。

四、下一步政策建议

下一步，要树立和践行绿水青山就是金山银山的理念，按照高质量发展的要求,加快建立绿色生产和消费的法律制度和政策导向,激励和引导绿色产品消费,不断满足人民日益增长的优美生态环境需要,推动实现更高质量、更有效率、更加公平、更可持续的发展。

(一)强化宣传教育

倡导简约适度、绿色低碳的生活方式,反对奢侈浪费和不合理消费,提高全社会的绿色消费意识。把绿色消费纳入全国节能宣传周、科普活动周、全国低碳日、环境日等主题宣传教育活动,开展新闻、网络媒体公益宣传,报道好的经验做法,加强舆论监督,营造绿色消费良好社会氛围。

(二)扩大有效供给

把提高绿色产品供给质量作为主攻方向,积极实施创新驱动,构建市场导向的绿色技术创新体系,鼓励企业加大绿色产品研发、设计和制造投入。健全生产者责任延伸制度,提高中高端品牌的差异化竞争力,建立绿色产品多元化供给体系,推动形成供给结构优化和总需求扩大的良性循环。

(三)规范产品市场

加快建立产品质量追溯制度。创新和强化事中事后监管,实行"双随机、一公开",加大市场监督执法力度,严厉打击虚假标识等违法行为,营造公平竞争的绿色产品市场环境。将违法违规企业或个人纳入全国信用信息共享平台,在"信用中国"网站公开。

(四)完善推广机制

建立并推行绿色产品市场占有率统计报表制度,实施各地区推广绿色产品绩效评价。完善绿色产品标准体系,加快制订修订相关标准,做好标准实施。加大相关标识认证制度实施力度,扩大实施范围,创新"领跑者"和相关技术标准的衔接机制。加大财税激励,加强绿色债券、基金、信贷等金融扶持。调整形成有利于绿色产品消费的招投标机制,破除最低价中标的痼疾。发展绿色消费新业态新模式,研究绿色产品消费积分制度。畅通流通渠道,鼓励建立绿色批发市场、绿色商场、绿色超市、绿色电商平台等流通主体,开设绿色产品销售专区。

(五)公共机构率先垂范

党政机关、学校、医院等公共机构要率先垂范,优先采购和使用绿色产品。完善绿色产品政府采购制度,严格执行节能环保产品的优先采购和强制采购制度,加大价格折让幅度。公共机构要不断提高新能源汽车在公务用车中的比例,充分利用内部停车场资源规划建设电动汽车专用停车位。完善绿色公共机构评价指标体系,将绿色消费作为重要评价指标,开展创建节约型机关、绿色学校、绿色医院等。

(国家发展改革委资源节约和环境保护司、

中国标准化研究院)

第四章　旅游消费发展情况

一、全国旅游产业发展活力强劲

（一）战略性支柱产业地位更加巩固

联合国世界旅游组织多年来对中国旅游发展的测算显示,中国旅游产业对国民经济综合贡献和社会就业综合贡献均超过 10%,高于世界平均水平。据国家旅游局数据中心测算,2017 年我国旅游业综合贡献 8.77 万亿元,对国民经济的综合贡献达 11.04%,对住宿、餐饮、民航、铁路客运业的贡献超过 80%,旅游直接就业 2825 万人,旅游直接和间接就业 8000 万人,对社会就业综合贡献达 10.28%。

（二）旅游产业社会综合效益更加凸显

2017 年,我国人均出游已达 3.7 次,旅游成为衡量现代生活水平的重要指标,成为人民幸福生活的刚需。旅游业位列"五大幸福产业"之首。每年近 50 亿人次的旅游市场,成为传承中华文化、弘扬社会主义核心价值观、提升国民素质、促进社会进步的重要渠道。旅游成为生态文明建设的重要力量,并带动大量贫困人口脱贫,很多地方的绿水青山、冰天雪地正在通过发展旅游转化为金山银山。"5·19"中国旅游日成为真正的旅游惠民日,近 3 年各地推出上万条旅游惠民便民举措,推动旅游发展成果全民共享。

(三)旅游产业经济效益大幅提升

三大旅游市场持续健康增长,我国连续多年保持世界第一大出境旅游客源国和全球第四大入境旅游接待国地位。2017年全年实现旅游总收入5.4万亿元,比2012年增长2.81万亿元,年均增长15.83%。2017年国内旅游市场为50亿人次,比2012年增长69.12%,年均增长11.08%;2017年国内旅游收入为4.57万亿元,比2012年增长101.15%,年均增长15%。2017年入境旅游人数为1.39亿人次,比2012年增长5%,年均增长1%;其中外国人2017年为2910万人次,比2012年增长7%,年均增长1.4%。2017年出境旅游市场为1.29亿人次,比2012年增长4580多万人次,按可比口径年均增长9.17%。

(四)旅游产业体系日臻完善

我国现有限额以上住宿和餐饮法人企业4.5万家左右,其中住宿业1.9万家(其中星级饭店1.16万家,包括五星级824家、四星级2425家),旅行社2.79万个,景区景点3万多个(其中A级景区10340个,包括5A级249个、4A级3034个),世界遗产52项,全域旅游示范区创建单位506个,红色旅游经典景区300个。休闲度假方面,现有国家级旅游度假区26个,旅游休闲示范城市10个,国家生态旅游示范区110个。专题旅游方面,现有中国邮轮旅游发展实验区6个,国家湿地旅游示范基地10个,在建自驾车房车营地514个,还有一大批健康旅游、工业旅游、体育旅游、科技旅游、研学旅游等"旅游+"融合发展新产品。初步形成观光旅游和休闲度假旅游并重、旅游传统业态和新业态齐升的新格局。

二、旅游产品供给能力提升

（一）引导旅游投资，旅游成为经济增长新引擎

引导社会资本进入旅游产业，推进重点领域投资持续健康增长。创新金融支持方式，建立金融机构与旅游企业协作新机制，政府与金融机构联合推出680个全国旅游优选项目。推动社会资本设立中国旅游产业基金，总规模为300亿—500亿元，撬动更多社会资本投入旅游业。截至2017年底，全国已有144支旅游产业投资基金，总规模超过8000亿元。预计2017年全国旅游投资达1.5万亿元，同比增长16%，其中民间资本投资占60%，形成了以民营为主、国有企业和政府投资共同参与的多元主体投资格局。

（二）推进"厕所革命"，"厕所革命"成为全社会关注新热点

2015年4月，习近平总书记对"厕所革命"作出重要批示，以此为开端、为标志，"厕所革命"在华夏大地蓬勃兴起。2017年11月，习近平总书记就"厕所革命"和"推动旅游业大发展"再次作出重要指示，要求把"厕所革命"作为乡村振兴战略的一项具体工作来推进，努力补齐这块影响群众生活品质的短板。截至2017年底，全国共建成旅游厕所7万座，超额完成3年5.7万座的计划任务。

（三）推进乡村旅游，旅游成为扶贫和富民新渠道

根据《全国乡村旅游扶贫工程行动方案》的有关要求，12部委联合实施乡村旅游扶贫8项行动。设立国家乡村旅游扶贫观测中心，开展旅游"万企万村"结对帮扶行动，推出280个全国旅游扶贫示范项目，推广"景区带村、能人带户、企业+农户、合作社+农户"等旅游

精准扶贫模式。四年共举办 15 期旅游扶贫村村干部培训班及 3 期"三区三州"深度贫困地区旅游扶贫专题培训班,累计培训 4450 名村干部、旅游带头人。落实《兴边富民行动"十三五"规划》,大力支持边疆民族地区发展旅游经济,推动沿边特色村寨和小城镇建设。据测算,2017 年全国乡村旅游 25 亿人次,旅游消费规模超过 1.4 万亿元。

(四)发展红色旅游,旅游成为弘扬红色精神新课堂

中办、国办印发《2016—2020 年全国红色旅游发展规划纲要》,近五年中央预算内投资安排红色旅游发展资金 26.4 亿元。推出系列"重走长征路"红色旅游精品线路,举办纪念长征胜利 80 周年红色旅游火炬传递、"重走长征路"、红色旅游校园行等主题活动。推动将中共六大常设展览馆建成中俄旅游基地。三年来,全国红色旅游接待游客累计达 34.78 亿人次,综合收入达 9295 亿元。红色旅游已成为人们接受爱国主义教育和革命传统教育的新课堂,政治效益、社会效益、经济效益明显。

(五)推进产业融合,"旅游+"成为产业体系升级扩容的新动力

推动旅游与农业、工业、交通、航空、教育、卫生、体育等各领域相加相融,积极推动健康旅游、体育旅游、工业旅游、科技旅游、研学旅游等新业态新产品竞相发展,建设国家工业旅游示范基地 10 个、国家工业遗产旅游基地 10 个、国家体育旅游示范基地 30 个。

(六)提升旅游服务质量,旅游成为人民幸福生活新指标

联合公安、工商、物价等部门持续开展全国旅游市场秩序综合整治"春季行动""暑期整顿""秋冬会战",严肃查处"不合理低价游"

"非法经营旅行社业务"等违法行为。2017年,组织147个督查组,开展9轮专项督查,实现对全国31个省(区、市)旅游市场综合整治"全覆盖",共立案2595件,已办结1552件,罚款及没收违法所得3326万元,吊销营业许可证45家。在全国范围内部署开展旅行社诚信教育培训工作,开展"诚信兴商宣传月"和"质量月"活动。发布旅行社及导游等旅游从业人员失信黑名单96件。实施文明旅游提升工程,发布中国公民文明旅游公约,选树中国好游客、中国好导游,成立"中国旅游志愿者",文明旅游成为越来越多游客的自觉行动。实施"补短板"计划,加快推进旅游公共服务体系建设。全国开通"12301"旅游服务平台,建成旅游咨询服务中心11394个、旅游集散中心663个、旅游休闲绿道2254条、观光巴士线路1061条。加强节假日旅游安全管理,建立国家旅游产业运行监测与应急指挥平台。妥善应对"九寨沟地震""新西兰地震"等突发事件。

三、促进旅游消费升级和扩大面临的问题

与新时代人民群众的旅游美好生活需要相比,旅游消费升级和扩大消费仍然存在10个不相适应的突出问题:一是城乡旅游发展不平衡与全域旅游发展要求不相适应;二是旅游区域发展不平衡与旅游整体发展要求不相适应;三是旅游产品有效供给不充分与人民群众日益增长的旅游需求不相适应;四是旅游产品结构不合理与广大游客日趋多元的旅游消费需求不相适应;五是以厕所为代表的旅游公共服务及交通等基础设施不完善不充分与旅游爆发式、井喷式市场需求不相适应;六是一些地方旅游市场失序、文明旅游滞后与人民群众"更加满意"要求不相适应;七是休假制度安排与人民群众休闲度假旅游需求不相适应;八是旅游管理体制与综合产业综合协调和综合执法要求不相适应;九是旅游理论研究与快速发展的旅游产业

实践不相适应;十是旅游人才队伍建设与旅游综合发展需要不相适应。

四、下一步政策建议

（一）深化供给侧结构性改革，大力推进全域旅游

加强顶层政策和制度框架设计，细化标准和措施，加快推动国家层面出台《关于促进全域旅游发展的指导意见》，加紧制定《全域旅游示范区创建工作导则实施细则》以及相应管理办法，为全域旅游发展创造良好的宏观政策环境，加强全域旅游规划引领，为促进各地发展全域旅游提供有力指导。推进跨境旅游合作区和边境旅游试验区建设。推动国家级旅游业改革创新先行区率先探索优质旅游发展路径。

（二）充分发挥自主创造力，大力开发"海陆空"旅游新业态新产品

当前我国旅游市场消费需求逐步呈现个性化、多样化、体验化、深度化等典型特征。旅游业不仅要挖掘外部可利用的价值要素，与其他产业深度融合发展，同时更要大力主导和开发以旅游业自主创造为主的旅游新业态新产品，持续扩大以邮轮旅游、自驾车房车旅游、低空旅游为代表的"海陆空"旅游产品供给，以此为内生优质发展动力，进一步提升旅游产品供给质量，推动旅游产品结构不断优化。

（三）实施品牌战略，大力提升"中国优质旅游"品牌魅力

以"硬件标准化、服务温馨化、产品多样化、安全稳健化"为导

向,实施"中国优质旅游"品牌战略,大力培育符合市场需求、有影响力的旅游品牌,推出若干中国旅游品牌强省,擦亮 5A、4A 级景区金字招牌,提升国家级旅游度假区品牌,打造中国旅游休闲示范城市品牌,优化星级饭店、精品旅游饭店、文化主题旅游饭店、旅游民宿品牌,建立有进有出的旅游品牌动态管理机制,树立我国旅游品牌优质形象,促进旅游业高质量发展。

(四)坚持可持续发展,大力推进绿色旅游

推动绿色旅游产品体系建设,加大生态旅游示范区建设,开展绿色旅游景区建设,修订旅游景区服务质量等级评定标准,加大环境保护力度要求,发布绿色旅游消费指南,建立健全以绿色景区、绿色饭店、绿色建筑、绿色交通为核心的绿色旅游标准体系。鼓励和引导酒店逐步减少一次性用品的使用。制定绿色消费奖励措施,引导旅游者低碳出行,形成绿色旅游消费自觉。

(五)坚持协调发展,大力促进区域旅游平衡

坚持规划统筹引领,不断优化空间布局,构筑新型旅游功能区,推进跨区域资源要素整合,加快旅游产业集聚发展。建立更加有效的区域协调发展新机制,助力"一带一路"建设、京津冀协同发展、长江经济带发展三大国家战略,促进区域协调发展。依托跨区域的自然山水和完整的地域文化单元,培育一批跨区域特色旅游功能区。

(六)落实乡村振兴战略,大力推进乡村旅游和旅游扶贫

发展乡村旅游是落实乡村振兴战略的重要内容。充分发挥乡村旅游在精准扶贫、精准脱贫中的优势作用,积极推动农村闲置农房开发乡村旅游,盘活农村沉睡资产,拓宽农民增收渠道。一方面要积极推动采摘园、农家乐、民宿游等传统乡村旅游产品提质升级,通过乡

村智慧旅游,将"零星散种"的农家乐、牧家乐、渔家乐等编织成网;另一方面要推动度假乡村、现代农业庄园等新业态新产品发展。着力提升乡村旅游吸引力,拓展产业链条,促进乡村旅游高质量发展,不断增强亿万农民获得感和幸福感。

(七)强化全面依法治旅,大力整治旅游市场秩序

建立健全旅游法治体系,坚持立改废释并举,更好地运用法治思维和法治方式深化改革、推动发展、化解矛盾、解决问题。修订完善《旅游法》《旅行社条例》等法律法规、规章和规范性文件。精准锁定市场秩序中的重点问题和目标,重点开展"不合理低价游"、在线旅游企业违法经营等10项专项整治行动。

(八)注重发挥科技优势,大力推进新一轮"厕所革命"

进一步巩固和扩大"厕所革命"成果,扎实推进"厕所革命"新三年行动计划,注重依托科技解决厕所建设难题、完善厕所管理、优化厕所服务。依托信息技术改造升级全国旅游厕所项目管理系统,实施厕所项目精细化管理。加大资金政策支持力度,推动各级旅游专项资金向厕所项目倾斜,出台更多厕所建设优惠政策。

(九)强化人才兴旅,大力推进创新型高素质旅游人才队伍建设

加快建立新型人才发展机制,落实人才发展规划,实施重点人才工程,着力培养创新型科技型复合型旅游人才。继续组织实施"万名旅游英才计划"、旅游青年专家培养计划,启动旅游基础理论研究和旅游统计与数据分析人才发展支持计划,开展行业人才培训专家库建设。加强国家旅游人才培训基地、旅游扶贫培训基地、旅游职业校企合作示范基地建设。

（十）激发市场主体活力与创造力，大力引导旅游投资高质量增长

旅游投资是市场主体活动的风向标，一方面要充分重视市场在配置旅游资源中的决定性作用，深化要素市场化配置改革，激发市场主体活力与创造力。另一方面要实施宏观调控，在制度上政策上营造宽松的市场经营和投资环境，加强理性投资引导，提高引导的科学性和艺术性，进一步优化投资结构，进一步促进有效投资特别是民间投资合理增长，推进旅游投资高质量增长。

（十一）践行社会主义核心价值观，大力推动文明旅游、理性旅游

构建文明旅游示范体系，选树一批文明旅游示范区、示范单位，宣传一批"文明游客"。实施"为中国加分"主题品牌活动，开展"文明旅游百城行""餐桌文明""理性消费""绿色出行"等系列宣传活动，聘请文明旅游公益宣传大使，举办文明旅游作品大赛。加强旅游志愿者管理，出台《中国旅游志愿者管理办法》。强化旅游不文明行为硬约束，进一步完善《旅游不文明行为记录管理暂行办法》，推动各地将文明旅游、理性旅游入法入规。

（国家旅游局规划财务司、国家发展改革委社会发展司）

第五章　体育消费发展情况

在经济发展"新常态"背景下,我国经济增长中的新动能不断涌现。自 2014 年起,国务院相继印发了《国务院关于加快发展体育产业促进体育消费的若干意见》(国发〔2014〕46 号)、《国务院办公厅关于加快发展健身休闲产业的指导意见》(国办发〔2016〕77 号)以及《国务院办公厅关于进一步扩大旅游文化体育健康养老教育培训等领域消费的意见》(国办发〔2016〕85 号)等一系列政策文件,体育产业已逐步成为推动我国经济增长的重要领域,体育消费作为新的消费领域,其市场潜力正在逐步释放和凸显。

一、体育产业规模快速增长,
产业结构逐步优化

根据《国家体育产业统计分类》,体育产业包含体育管理活动,体育竞赛表演活动,体育健身休闲活动,体育场馆服务,体育中介服务,体育培训与教育,体育传媒与信息服务,其他与体育相关服务,体育用品及相关产品制造,体育用品及相关产品销售、贸易代理与出租,体育场地设施建设 11 大门类。

经核算,2016 年,国家体育产业总规模(总产出)为 19011.3 亿元,增加值为 6474.8 亿元,占同期国内生产总值的比重为 0.9%。从名义增长看,总产出比 2015 年增长了 11.1%,增加值增长了 17.8%。

从国家体育产业内部结构看,体育用品和相关产品制造的总产出和增加值最大,分别为 11962.1 亿元和 2863.9 亿元,占国家体育产业总产出和增加值的比重分别为 62.9%和 44.2%。体育服务业(除体育用品和相关产品制造、体育场地设施建设外的 9 大类)发展势头良好,总产出为 6827.0 亿元,占国家体育产业总产出的比重从 2015年的 33.4%提高到 35.9%;增加值为 3560.7 亿元,占国家体育产业增加值的比重从 2015 年的 49.2%提高到 55.0%。体育健身休闲活动增长较快,总产出和增加值名义增速均超过 30%,反映了健康中国理念的普及,群众体育的蓬勃发展。

表 5-1   2015 年国家体育产业总产出和增加值

体育产业类别名称	总量(亿元)		结构(%)	
	总产出	增加值	总产出	增加值
国家体育产业	17107	5494.4	100	100
体育管理活动	229.1	115	1.3	2.1
体育竞赛表演活动	149.5	52.6	0.9	1
体育健身休闲活动	276.9	129.4	1.6	2.4
体育场馆服务	856.2	458.1	5	8.3
体育中介服务	47	14	0.3	0.3
体育培训与教育	247.6	191.8	1.4	3.5
体育传媒与信息服务	100	40.8	0.6	0.7
其他与体育相关服务	299	139.6	1.7	2.5
体育用品及相关产品制造	11238.2	2755.5	65.7	50.2
体育用品及相关产品销售、贸易代理与出租	3508.3	1562.4	20.5	28.4
体育场地设施建设	155.2	35.3	0.9	0.6

数据来源:国家统计局"2015 年国家体育产业总规模与增加值数据公告"。

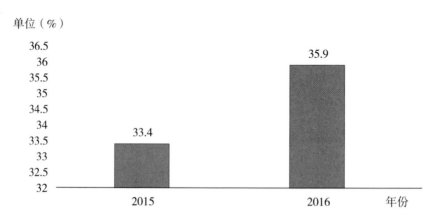

单位（%）

图 5-1 体育服务业总产出占体育产业总产出比重

表 5-2 2016 年国家体育产业总产出和增加值

体育产业类别名称	总量（亿元）		结构（%）	
	总产出	增加值	总产出	增加值
国家体育产业	19011.3	6474.8	100	100
体育管理活动	287.1	143.8	1.5	2.2
体育竞赛表演活动	176.8	65.5	0.9	1
体育健身休闲活动	368.6	172.9	1.9	2.7
体育场馆服务	1072.1	567.6	5.6	8.8
体育中介服务	63.2	17.8	0.3	0.3
体育培训与教育	296.2	230.6	1.6	3.6
体育传媒与信息服务	110.4	44.1	0.6	0.7
其他与体育相关服务	433	179.7	2.3	2.8
体育用品及相关产品制造	11962.1	2863.9	62.9	44.2
体育用品及相关产品销售、贸易代理与出租	4019.6	2138.7	21.1	33
体育场地设施建设	222.1	50.3	1.2	0.8

数据来源：国家统计局"2016 年国家体育产业总规模与增加值数据公告"。

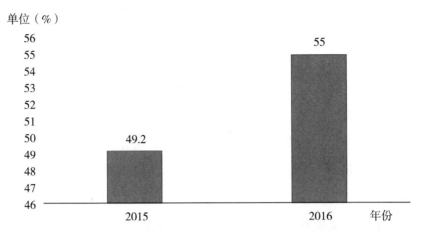

单位（%）

图 5-2　体育服务业增加值占体育产业增加值比重

2016 年,我国体育服务业增加值占体育产业增加值比重首次高出第三产业增加值占国内生产总值比重 3.4 个百分点。

总体而言,体育产业总量的快速增长和产业结构的不断优化为我国体育消费市场的培育和发展提供了强大动力。

二、体育供给能力和供给质量显著提升

近年来,各部门多措并举,使得我国体育供给能力和供给质量显著提升。

2017 年群众身边的体育健身组织、健身设施、健身活动、健身赛事、健身指导、健身文化等全民健身"六个身边"工程稳步实施,为我国群众体育的发展和体育消费市场的形成创造了良好氛围。2017 年投入中央资金 30 多亿元,支持地方建设一批县级公共体育场、社区健身中心、农民体育健身工程等公共体育场地设施。2017 年体育总局公布了首批 96 个国家运动休闲特色小镇试点项目,为体育消费市场供给能力的提升提供了新的动力。

从地区层面看,一批具有特色的体育产业示范基地的兴建以及

区域体育产业发展政策的制定也提升了我国地方体育消费市场的供给能力。2017 年甘肃建设了一批汽车自驾运动营地、垂钓基地、沙漠特色体育活动营地和体育与相关产业融合基地,并基本完成了河西走廊航空运动产业圈的建设,在一定程度上提升了西部地区体育消费市场的供给能力。2017 年北京、天津、河北联合发布了《京津冀体育产业协同发展规划》,提出重点打造贯通京津冀的六条特色旅游休闲产业带①,将有力推动京津冀体育旅游消费市场的发展。2017 年上海、江苏、浙江、安徽体育产业协作会议的召开,为长三角地区体育产业发展和体育消费市场的形成提供了强有力的支持。西安国际马拉松赛、环青海湖国际公路自行车赛(甘肃段)、张掖祁连山国际超百公里户外运动挑战赛、浙江国际传统武术比赛、绍兴环城河国际皮划艇马拉松经典系列赛、CBSA 海宁斯诺克国际公开赛等一系列精品赛事以及山东泰山国际登山节、酒泉"玄奘之路"戈壁挑战赛、嘉峪关国际铁人三项赛等一系列具有地方特色体育活动的举办,有力提升了地方体育供给能力和供给质量,在一定程度上满足了地方体育消费需求。

三、重点行业发展迅猛,体育消费市场活力凸显

(一)足、篮、排三大球类项目稳步发展

足球方面,2017 年各足球协会全年开展赛事约 30 万场(不含校园足球),中国足球协会主办的各类赛事近 15000 场,各地方足球协

---

① 六条特色旅游休闲产业带是指草原健身休闲产业带、山地健身休闲产业带、湿地水库健身休闲产业带、滨海健身休闲产业带、冰雪健身休闲产业带和航空休闲体育产业带。

会举办的赛事超过 28 万场。职业赛事、杯事和中国之队相关赛事现场观众人数超过 950 万人次，电视观众 6.83 亿人次。2017 赛季，足球产业上游赛事市场收入规模超过 100 亿元人民币，中游传媒、场馆收入规模超过 60 亿元人民币，下游培训、用品市场收入规模超过 200 亿元人民币。篮球方面，中国篮球协会广泛开展全社会、全民参与的三人篮球比赛和各种活动。中国篮球协会主办的中国"三对三"联赛、"我要上奥运"全国三人篮球擂台赛和肯德基三人篮球赛，覆盖全国 30 个省、自治区、直辖市，共计参赛球队 92000 支，参赛人数超过 50 万人。排球方面，2017 年由中国排球协会开发的社会赞助总额近 1 亿元，全年举办的比赛超过 2100 场，观众人数超过 150 万人次，其中中国排球超级联赛超过 300 场，共有男女 28 个俱乐部参赛，遍布全国 20 多个城市。国际 A 类排球赛事近 100 场，大众排球超过 66 万场，沙滩排球 500 场。

（二）马拉松运动产业消费能力日益凸显

中国田径协会统计数据显示，2017 年全国共举办规模赛事（路跑赛事人数在 800 人以上，越野跑赛事人数 300 人以上）1102 场，涉及 234 个城市（覆盖全国 70.06% 的地级市），参赛规模 498 万人次，赛事规模 7 年增长 50 倍；中国田径协会认证的 A 类赛事 223 场，B 类赛事 33 场；预计 2020 年全国马拉松规模赛事将超过 1900 场，中国田径协会认证赛事将达到 350 场，各类路跑赛事参赛人数将超过 1000 万人次，马拉松运动产业规模将达到 1200 亿元。以北京马拉松和千岛湖马拉松为例，调查数据显示，2017 年北京马拉松外地参赛选手人均支出为 3690 元，略高于 2016 年的 3665 元，据推测 2017 年在北京等国内大型城市马拉松旅行参赛者的人均马拉松旅游消费在 3000 至 4000 元之间；2017 年千岛湖马拉松外地参赛选手人均支出为 2469 元，据推测 2017 年在千岛湖等旅游目的地马拉松旅行参赛者的人均马拉松旅游消费在 2500 元左右。

(三)山地户外运动消费市场发展势头强劲

2017 年我国泛户外人口(每年至少参加一次以上户外运动)已达 1.3 亿—1.7 亿,经常参加山地户外运动的人口达到 6000 万—7000 万人。从我国山地户外运动产业发展的强劲势头以及消费深度的持续提升来看,预计我国户外运动产业当前市场规模约为 2500 亿元左右。据统计,2016 年户外用品整体市场规模达 484.8 亿元,其中核心户外用品市场规模达到 184.4 亿元,较 2015 年增长 1.84%。2016 年市场品牌数量也有小幅增长,户外品牌总数达到 872 个,其中,国内品牌 430 个,国外品牌 442 个。

(四)冰雪产业消费能力稳步提升

2017 年冰雪产业总规模达到了 3976 亿元。截至 2017 年底,我国滑雪场总数达到 703 家,滑雪人次达到 1750 万人次,滑雪消费规模达到 720 亿元,占冰雪产业总规模的 18.1%。同比 2016 年分别增长 8.82%、15.89% 和 78.43%。从消费结构来看,年参加 10 次以上滑雪运动的占 5%,人均消费 2 万元左右/年;年参加 5—10 次滑雪运动的占 10% 左右,人均消费 1 万元左右/年;年参加 5 次以下滑雪运动的初级冰雪运动者约占 85%,人均消费 3000 元左右/年。截至 2017 年 6 月,我国共有室内滑冰场 259 块,室内滑冰场馆在经济发达的长三角、珠三角、京津冀地区比较集中。2013 年到 2016 年,室内滑冰场从 101 块增加到 259 块,年均增长 36.8%。滑冰人次从 670 万人次增长到 2000 万人次左右。滑冰场馆主要位于城市中心、交通便利的商业综合体中。90% 以上消费人群为 4—16 岁的青少年。2017 年滑冰运动消费总规模达到 610 亿元,占冰雪产业总规模的 15.3%。

（五）水上运动项目消费规模不断扩大

2017 年度赛艇项目总产出达到 42.136 亿元，较 2016 年的 6.806 亿元上涨了 519.1%；皮划艇项目 2017 年度总产出 145 亿元，较 2016 年的 70 亿元上涨了 107%，年度增加值 54 亿元，较 2016 年的 33 亿元上涨了 63.6%，吸引社会资本投入达到 40 亿元；滑水项目 2017 年度社会投资总额 1700 万元以上；全年赛事带动的总消费额达到 3000 万元以上。摩托艇项目本年度社会投资总额近 1.4 亿元；全年赛事带动的总消费额达到 30 亿元以上。

（六）汽摩和航空运动消费市场发展力度空前

2017 年中国汽车摩托车运动联合会举办的全国性锦标赛共计 119 场，国家级休闲旅游集结赛和各类文化活动共计 8 场次，目前审核授牌 256 家汽车自驾运动营地，评审认证 14 家星级营地，举办的第四届中国汽车（房车）露营大会参与 20 万人，带动综合经济收入 2.5 亿元。根据中国汽车摩托车运动联合会所有自主产权赛事的统计，截至 2017 年 12 月，场地赛车项目全年社会投资约 17.3 亿元；越野拉力项目全年社会投资约 26.5 亿元；全地形车与摩托车项目全年社会投资约为 9100 万元；集结赛及其他活动全年投入约 2000 万元。国内汽摩运动项目全年社会投资逾 47.4 亿元（不含场地建设费用）。2017 年中国航空运动协会、中国定向运动协会、中国无线电运动协会、中国车辆模型运动协会和中国航海模型运动协会举办赛事 95 场。举办了首届国际航联世界飞行者大会，在该大会上重大项目签约额为 1450 亿元。经中国航空运动协会命名的航空飞行营地超过 150 家，中国航空运动协会人数为 30190 人，注册会员 18045 人，2017 年新增会员 1587 人，增长率为 5.5%。

汽摩运动和航空运动供给质量的大幅度提升以及参与人数的稳

步增长反映出我国汽摩运动和航空运动消费市场需求与日俱增。

(七)体育旅游业消费市场突飞猛进

在"健康中国"国家战略和"绿水青山就是金山银山""冰天雪地也是金山银山"发展理念的指引下,公众对体育、旅游的多样化消费需求日益增长。体育与旅游进一步融合,满足人民群众节假日期间多样化的体育旅游需求。

2017年以来国家体育总局联合国家旅游局共同推出了内蒙古阿拉善越野e族沙漠汽车精品线路等15条"十一黄金周体育旅游精品线路",及三亚中国体育庙会体育旅游线路等18条"春节黄金周体育旅游精品线路",涉及徒步、骑行、漂流、自驾、水上运动等运动项目,为百姓长假出行提供了很好的指南与参考。根据各线路上报信息统计,两部门共同推出的15条十一黄金周体育旅游精品线路,黄金周期间共接待游客730万人次,实现旅游收入31亿元,同比分别增长23.79%和21.10%,增速高于一般旅游线路,体育旅游的迅猛发展态势可见一斑。

(八)体育彩票销售额再创新高

2017年,中国体育彩票年销量再创历史新高,首次突破2000亿元大关,达2096.92亿元,比上年增长11.45%,筹集体彩公益金523.26亿元,比上年增长16.80%。其中,乐透型体育彩票销售1048.61亿元,竞猜型体育彩票销售928.52亿元,即开型体育彩票销售119.79亿元。分省来看,江苏省年销量首次突破200亿元,广东省、山东省、浙江省、河南省、福建省和河北省年销量突破100亿元。体育彩票销售额的快速增长,进一步扩大了体育消费市场的发展空间。

四、体育消费市场扩大与升级面临的问题

（一）体育产业供给结构有待进一步优化

2016 年我国体育产业结构有所优化,但体育用品及相关产品制造业仍是我国体育产业的核心产业,其产业增加值比重高达44.2%。体育服务业增加值比重虽然达到55%,但体育服务业中的体育用品及相关产品销售、贸易代理与出租的产业增加值比重高达33%;体育服务业中的体育竞赛表演活动、体育管理活动、体育健身休闲活动、体育培训与教育以及体育场馆服务的产业增加值比重仅有 1%、2.2%、2.7%、3.6% 和 8.8%,而体育中介服务和体育传媒与信息服务的产业增加值比重均不足 1%。体育产业供给结构的不合理性在一定程度上制约了我国体育消费市场的升级和发展,体育产业供给结构有待进一步优化。

（二）体育产品有效供给不足

体育市场主体专业化水平较低、企业成熟度不够、自主创新能力不强、资本化运作水平不高,市场中实力强、规模大的大型体育企业数量明显不足。市场化程度偏低,企业对消费者需求和市场变化的敏感度低。体育产品种类不够丰富,体育服务质量不高,产品竞争力不强,体育产品不能充分适应和满足市场日益多元化和多层次的体育消费需求。

（三）体育消费需求有待扩量提质

体育消费有效需求不足,质量不高。个体性体育消费偏多,有组织的体育消费偏少;"实物型"体育消费偏多,"参与型"与"观赏型"

体育消费偏少;城乡之间以及地区之间人均体育消费水平差异依旧明显,中高端体育消费仍然不足。体育消费规模、消费内容及消费质量等方面亟待进一步提升。

(四)体育消费基础有待改善

体育人口比例偏低,特别是深度参与体育运动的体育人口偏低。体育场地设施数量有待增加,布局有待完善,与居民实际需求的对接程度有待提高。体育消费技能不足,学校体育在学生运动技能培养、健身习惯养成等方面有待加强,体育社会组织在运动项目的推广、培训和辅导等方面发挥的作用尚不明显。体育文化,特别是运动项目文化普及程度偏低,体育运动氛围不浓。居民体育消费动力有待提升、消费意识有待加强,居民享受体育服务、观赏体育赛事、参与体育活动的需求有待进一步引导和激发。

五、下一步工作重点

(一)建立现代体育产业体系

深入贯彻党的十九大和十九届二中、三中全会精神,以习近平新时代中国特色社会主义思想为指导,以满足人民群众日益增长的多元化、多层次体育消费需求为导向,深化体育产业供给侧改革,不断消除制约体育产业发展的体制和机制障碍,建立现代化的体育产业体系。以体育产业规划为引领,以运动项目产业为核心,以体育综合体为抓手,以市场为主体,以"体育+"和"+体育"为路径,以产业园区、基地和大数据为平台,以创新为动力,以体育产业政策为保障。紧紧围绕体育强国建设和健康中国建设,按照高质量发展的新要求,优化存量,做大增量,提升核心竞争力,扎实推进体育产业持续健康发展,打造国民经济支柱产业。

(二)延伸体育产业链条

通过延伸体育产业链,推动体育与相关产业融合发展,促进体育产业集聚发展,拓展体育消费市场空间,发挥体育产业的综合效应和拉动效应。发展与健全健身休闲产业链,带动休闲、养生、养心、健康等方面的消费;发展与健全智能体育产业链,培育智能体育产业消费市场;发展与健全竞赛表演产业链,形成以体育赛事为龙头,赛事观赏为核心,涵盖赛事策划、赛事中介、赛事组织、赛事运营、赛事媒体等形态的竞赛表演产业体系;发展与健全体育培训产业链,推动体育培训业发展;发展与健全体育用品制造产业链,打造中国体育用品品牌,提升体育消费市场国际竞争力;发展与健全体育彩票产业链,积极宣传体彩公益形象,扎实推进体彩事业持续健康发展。

(三)激发体育市场主体活力

着力培育具有国际竞争力的体育骨干企业和企业集团。加快国有体育企业发展,重点培育一批有实力、有竞争力的民营企业,支持创业者发展体育产业,支持转型及双创企业发展体育产业。进一步提升体育企业经营管理水平,壮大企业实力。提高产业运营的专业化和市场化程度,提升企业自主创新能力,提高体育企业资本化运作水平和资源整合能力。不断推动体育产业品牌建设,积极培育具有地域特色的传统体育活动品牌,打造世界级体育赛事品牌和体育用品制造企业品牌,发展体育会展品牌。

(四)扩大体育消费市场供给

支持社会力量主办和承办国际、国内高水平体育赛事,积极创建地方、民间自主品牌体育赛事活动,大力发展体育职业联赛,满足大众多层次、多样化的体育赛事活动需求。发挥体育场馆、体育综合体、运动休闲特色小镇等对体育消费的促进和带动作用。大力发展运动项目产业,通过建立与完善各类运动项目产业体系,提升项目产业市场供给能力和水平,满足各类运动项目爱好者的消费需求。

(五)夯实体育消费基础

持续加大体育设施建设投入,优化学校、社区公共体育设施的布局和结构,建立健全社会资本参与公共体育设施建设的投融资机制,有效对接居民休闲健身实际需求,提高公共体育设施的利用率。重视学校体育在激发青少年体育兴趣、培育青少年运动技能以及引导青少年养成健康体育消费习惯等方面的重要性。充分发挥体育社会组织在培养民众体育运动兴趣,提高居民体育消费技能,养成体育消费习惯等方面的重要作用。完善健身消费政策,支持鼓励群众健身消费。积极落实"六个身边"工程,大力发展群众体育,不断夯实体育消费基础。

(六)优化体育消费环境

加强舆论引导,发挥新媒体传播优势,激发新的体育消费热点,倡导健康的生活方式,广泛宣传科学健身知识和方法,推介各类体育健身场所和消费信息,增强公众体育健身意识,引领体育消费趋势。合理利用带薪休假制度,增加居民闲暇时间,为居民体育消费创造有利条件。丰富体育消费文化内涵,引导形成积极向上的体育消费理念。创新体育消费方式,提高体育消费便利化程度。加大体育消费市场的监管力度,不断优化体育消费市场环境。

(国家体育总局体育经济司)

第六章 文化消费发展情况

一、我国文化消费当前形势及发展趋势

（一）全国文化消费当前形势及发展趋势

随着我国经济的快速发展，国家综合实力不断增强，居民收入水平稳步增长，生活水平也有了显著提高，人民的物质生活不断丰富和完善，人们开始越来越多地追求精神和文化生活，文化消费渐渐成为人们关注的消费新热点。2013—2016 年，全国居民人均文化消费从576.7 元增长至 800 元，人均绝对值增量 223.3 元，年均增长率11.53%。其中，全国城镇人均文化消费从 945.7 元增长至 1268.7元，人均绝对值增量 323 元，年均增长率 10.27%；全国农村居民人均文化消费从 174.8 元增长至 251.8 元，人均绝对值增量 77 元，年均增长率 13.86%。

作为文化产业发展的内生动力，从 2013—2015 年，文化消费增速加快，对文化及相关产业的贡献日益凸显，文化消费占文化及相关产业增加值的比重逐年增加，从 2013 年的 37.51%增加到 2015 年的39.73%，增加了 2.22 个百分点。与此同时，文化消费占 GDP 的比重也在逐年增加，从 2013 年的 1.32%增加到 2015 年的 1.52%，增加了 0.2 个百分点。可以看出，文化消费带动文化及相关产业的发展，进而对经济增长的拉动作用不断增加。

（二）重点领域促进文化消费基本情况

1. 扩大文化消费试点工作情况

为贯彻落实党中央、国务院关于促进文化消费的重要部署,2016年4月,文化部联合财政部印发《关于开展引导城乡居民扩大文化消费试点工作的通知》,并先后确定了45个国家文化消费试点城市,在全国范围内开展引导城乡居民扩大文化消费试点工作。试点工作开展以来,45个试点城市对扩大和引导文化消费工作的重视程度有了很大提升,成立了试点工作领导小组,出台了促进文化消费的政策文件,并根据自身经济发展水平和要素禀赋,因地施策,积极作为,采取具有自身特色、符合当地实际的促进措施,取得了良好成效。

2. 文化文物单位文化创意产品开发情况

2016年5月,国务院办公厅转发文化部等4部门《关于推动文化文物单位文化创意产品开发的若干意见》(国办发〔2016〕36号)。文件出台以来,文化部、国家文物局等相关部门及各地积极贯彻落实《意见》各项重点任务,稳步推进文化文物单位文化创意产品开发工作,取得积极成效。

3. 数字文化产业创新发展情况

2017年4月,文化部发布了《关于推动数字文化产业创新发展的指导意见》(文产发〔2017〕8号),这是国家部委首次对数字文化产业发展作出专项部署,向行业和社会发出了支持数字文化产业创新发展的明确信号,坚定了业界创业创新的信心,激发社会领域的投资活力。这是继推动数字创意产业纳入战略性新兴产业后,文化部推进供给侧结构性改革、促进数字经济加快成长的又一重要举措。

4. 特色文化产品和服务发展情况

特色文化产业是指依托各地独特的文化资源,通过创意转化、科技提升和市场运作,提供具有鲜明区域特点和民族特色的文化产品和服务的产业形态。近年来,我国特色文化产业发展势头良好,随着供给侧结构性改革不断深化,各类特色文化产品与服务供给日益丰富,越来越成为文化消费的重要组成部分。以工艺品、演艺娱乐、文化旅游、特色展览、文化创意等新兴业态为代表的特色文化产业各业态快速发展,产品与服务供给总量和质量显著提升,特色文化产业发展更加注重挖掘产品与服务的文化内涵,创意设计和开发水平有较大提升,更加注重以独特的文化元素避免同质化竞争,助力差异化发展,越来越多的特色文化资源深度融入文化产业各个领域,特色文化产业的内涵和外延得到拓展,特色文化产品与服务对文化消费的带动作用日益显现。

二、重点领域促进文化消费工作主要特点

(一)扩大文化消费试点工作主要特点

1. 坚持"中央引导、地方为主、社会参与、互利共赢"的原则,充分调动地方政府和社会各界的参与积极性

试点工作中,文化部、财政部主要发挥政策、资金引导作用,通过确定第一批两次共计 45 个国家文化消费试点城市,充分调动地方政府的积极主动性,支持和引导试点城市因地制宜、探索创新,采取多种措施促进文化消费。试点城市建立政府统一领导、相关部门分工负责、社会各界积极参与的工作机制;积极发挥行业协会商会的作用,对参与试点的文化企业、商户在市场推介、创意转化、投资融资方面予以支持;鼓励金融机构要创新抵质押贷款模式,创新信贷产品和服务,完善文化消费支付和信用体系,从多个角度激发居民文化消费需求,取得了良好的社会效益和经济效益,实现了试点工作各参与主体的互利共赢。

2. 坚持正确导向,实现社会效益和经济效益相统一

文化部开展扩大文化消费试点工作,始终坚持以满足人民群众日益增长、不断升级和个性化的精神文化需求为出发点,以弘扬和践行社会主义核心价值观为导向。据初步测算,截至 2017 年底,共有超过 3 亿人次参与试点工作享受到了相应优惠,更好满足了人民群众日益增长、不断升级和个性化精神文化需求,提高了人民群众的获得感和幸福感;累计拉动文化消费超过 700 亿元,有效发挥了典型示范和辐射作用,推动所在区域文化消费总体规模持续增长。

3. 坚持因地制宜,创新多种试点模式促进文化消费

文化部依托文化产业专家委员会智库力量,指导 45 个试点城市充分发掘优势资源,创新试点模式,采取发放文化惠民卡、举办文化消费季、搭建文化消费平台、公共文化服务积分激励等措施促进文化消费,涵盖演艺、动漫、娱乐、文化旅游、文化会展、艺术品与工艺美术、创意设计、数字文化服务、电影电视、图书报刊等领域。经过一年多的试点,初步形成了直接补贴消费者、开展文化惠民活动、扩大文化消费有效供给、改善文化消费条件、创新公共文化产品和服务等试点模式,为进一步扩大促进文化消费工作范围积累了宝贵经验。

4. 坚持融合发展,有效带动相关领域消费增长

各试点城市根据当地经济、社会和文化发展状况,在分析优势条件和制约因素的基础上,充分发掘当地优势资源,积极扩大文化消费规模,特别是着力推动文化与相关产业融合发展,在文化+旅游、文化+体育、文化+养老、文化+互联网、文化+农业、文化+商业等领域实施了一系列促进文化消费的措施,推动文化消费总体规模持续增长,推进消费结构不断升级,有效带动了旅游、体育、住宿、餐饮、交通、电子商务等相关领域消费,文化消费拉动经济增长的作用不断增强。

（二）文化文物单位文化创意产品开发工作进展

1. 文化文物单位文化创意产品开发相关工作经验

文化部创新工作方式方法，多种举措推动文化文物单位文化创意产品开发工作。一是制定细化落实和配套文件。文化部、国家文物局共同制定出台重点任务落实方案，明确任务分工，逐条推动落实。河北、山西、内蒙古、吉林、江苏、江西、广东、重庆、四川、云南、陕西、甘肃等 12 省、自治区、直辖市以政府办公厅名义印发了实施意见，强化了政策保障。二是稳步推进试点工作。文化部、国家文物局确定 154 家副省级以上博物馆、美术馆、图书馆为试点单位，指导有关地区和单位开展试点工作，落实试点政策。

2. 文化文物单位文化创意产品开发面临的形势和机遇

在政策推动下，文化文物单位和社会机构参与文化创意产品开发的热情高涨，特别是试点工作有效激发了行业活力，文化创意产品开发呈现出良好的发展态势，市场空间和发展潜力初步显现。

（三）数字文化产业创新发展工作进展

1. 数字文化产业创新发展相关工作经验

文化部着眼长远，积极配合国家发改委起草《"十三五"国家战略性新兴产业发展规划》，提出了数字创意产业篇章的具体规划内容，与数字创意产业相关的六项重点任务由文化部牵头或参与。《"十三五"国家战略性新兴产业发展规划》出台之后，文化部结合文化产业实际推进落实，2017 年 4 月发布了《文化部关于推动数字文化产业创新发展的指导意见》，从总体要求、发展方向、重点领域、创新生态体系、政策保障等方面，对数字文化产业发展进行了全面部署。这是国家部委层面首次对数字文化产业进行顶层设计，对文化资源数字化、数字文化装备、数字艺术展示等新型文化业态发展进行规划布局,积极构建数字文化产业创新生态体系,得到业界和社会的普遍关注和认同。

2.数字文化产业创新发展面临的形势和机遇

2016 年 12 月,国务院印发《"十三五"国家战略性新兴产业发展规划》,数字创意产业首次被纳入国家战略性新兴产业发展规划,成为与新一代信息技术、生物、高端制造、绿色低碳产业并列的五大新支柱。数字文化产业是数字创意产业在文化领域的具体体现。随着互联网和数字技术的普及,我国数字文化产业快速发展,中国网民规模达 7.72 亿人,中国互联网普及率超过 55%,手机网民达 7.53 亿人,动漫游戏、网络文学、网络音乐、网络视频等数字文化产品拥有广泛的用户基础,与百姓生活越来越密切,已经成为目前群众文化消费的主产品。传统文化产业的数字化转型升级日新月异,数字文化产业与相关产业深度融合,不断催生出数字文化产业的新业态、新模式,为文化产业乃至国民经济的发展不断提供新供给新动力。腾讯、阿里、百度、咪咕等龙头企业不断布局数字文化产业,积累了丰富的商业经验与资本实力。

(四)特色文化产业发展工作进展

目前,特色文化产业发展对于深入传承弘扬中华优秀传统文化、优化文化产业布局、支持西部地区民族地区文化产业发展、促进群众就业增收的作用日益显现,产业整体发展的质量和效益显著提升。文化部对此高度重视,多措并举持续推动特色文化产业健康快速发展。

一是加强顶层设计和规划引导。2014 年文化部、财政部联合印发了《关于推动特色文化产业发展的指导意见》,从国家层面对特色文化产业发展做出具体部署,明确从财税金融、支撑平台、人才队伍建设等方面支持特色文化产业发展。

二是支持重点项目建设。2014 年以来,文化部联合财政部把"支持特色文化产业发展"作为重大项目纳入中央财政文化产业发展专项资金支持范围,截至 2017 年底共计支持特色文化产业项目198 个。

三是推动藏羌彝文化产业走廊建设。2014 年 3 月,文化部、财政部联合出台了我国首个区域文化产业专项规划《藏羌彝文化产业走廊总体规划》,通过在规划引导、资金扶持、项目建设、展示推介、人才培养等方面不断加大支持力度,鼓励和支持各地实施一批文化资源有效保护与产业转化项目,培育特色文化产品和品牌,在促进文化产业与民族文化传承保护、生态、旅游等融合发展方面发挥了积极作用。

三、重点领域促进文化消费
面临问题及工作安排

(一)扩大文化消费试点面临问题及工作安排

扩大文化消费试点工作虽然已经取得了初步成效,但仍需要进一步提炼促进文化消费的长效机制、进一步扩大促进文化消费工作范围。文化部将立足于满足人民群众日益增长的美好生活需要、提高人民群众的获得感和幸福感,继续推进扩大文化消费试点工作。一是提炼促进文化消费的有效模式。总结推广扩大文化消费工作经验和有效模式,对试点成效显著的城市予以支持,鼓励有条件的地区开展扩大和引导文化消费工作。研究进一步推进扩大和引导文化消费工作的具体举措,明确下一步工作思路和实施路径。二是开展督察总结工作。开展专项督察回头看,汇总梳理 45 个试点城市工作进展和整改落实情况,起草督察工作总结报告,印发有关督察情况通报,对试点工作成效显著的城市予以表扬,对试点工作进展一般和较差且未按时进行整改的试点城市撤销试点资格。三是进一步加强文化消费数据收集、监测和分析。做好文化消费服务平台和文化消费信息数据库平台运行维护,加强对文化消费数据的收集汇总和汇总分析,加强对试点城市的跟踪监测,及时指导试点城市调整优化试点政策,提高试点成效。

(二)文化文物单位文化创意产品开发面临问题及工作安排

当前文化文物单位文化创意产品开发工作还处于起步阶段,从试点情况来看,多数单位文创产品开发基础薄弱,启动资金不足,有的单位没有找到适合自身特点的开发方式,与社会力量合作不充分,创意创新能力不强、存在同质化现象,个别文创产品有与文化价值脱节的问题。文化创意产品开发人才不足,尤其是创意研发、经营管理、营销推广人才紧缺。

文化部将继续联合相关部门,深入贯彻落实文化创意产品开发的各项重点任务,落实和完善支持政策,广泛调动文化文物单位和创意设计机构等社会力量的积极性,创作生产适应市场需要、满足现代消费需求的优秀文化创意产品。一是加强规范引导。坚持正确导向,树立先进典型,培育一批文化创意产品开发示范单位,指导文化文物单位开发富有文化内涵的文化创意产品。二是开展督导检查。加强对各地的督促指导,强化激励问责,推动各地创新体制机制,落实配套政策措施,及时发现并协调解决政策落实过程中出现的问题,解决政策落地"最后一公里"问题。三是稳步推进试点。指导试点单位在开发模式、收入分配和激励机制等方面进行探索,鼓励大胆创新。加强对试点工作的跟踪督导,指导试点单位选择适合自身特点的方式开发文化创意产品。四是促进文化文物单位与各类市场主体对接合作,鼓励社会力量参与。

（三）数字文化产业创新发展面临问题及工作安排

目前促进数字文化产业创新发展政策整合不充分,数字文化产业发展所需要的财税金融支持、创新服务、人才支撑、"放管服"改革、组织领导等方面还有待加强和深化。文化部将积极协调相关部门,对数字文化产业能够享受的财税金融、科技创新、人才培养等方面的国家政策进行梳理集成,推动相关支持政策落地。

（四）特色文化产业发展面临问题及工作安排

当前特色文化产业发展依然面临着产业基础薄弱、市场化程度不高、知名品牌较少、高端创意和管理人才不足、产品和服务附加值不高、同质化竞争突出等问题,对于文化消费规模扩大形成阻碍的同时,制约了产业整体发展。下一步,文化部将从以下方面着手推动特色文化产业持续健康发展:

一是优化发展环境,坚持企业主体、市场运作,更好发挥政府的引导、扶持职能,完善政策措施,健全市场体系,优化发展环境,提升特色文化产业创新能力和发展活力。

二是强化人才培养,以培养高技能人才和高端文化创意、经营管理人才为重点,加大对特色文化产业人才的培养和扶持。通过资金补助、师资支持等多种形式,支持各地开展特色文化产业人才培训。

三是搭建支撑平台,依托文化部文化产业项目服务平台,为特色文化产业项目提供更加完善的公共服务。支持特色文化企业和项目参加相关重点文化产业展会活动,丰富项目对接方式和宣传推广手段,通过展会推广、路演推介等形式为产业发展搭建展示交流、融资对接平台。

四是培育特色文化品牌,推动自主品牌建设,坚持以市场为导向,通过市场竞争、优胜劣汰,培育拥有较高知名度和美誉度的文化品牌,鼓励挖掘、保护、发展民间特色传统技艺和服务理念,加大知识产权的创造、运用、保护和管理力度,培育一批特色文化产品知名品牌。

（文化部文化产业司）

第七章　电影消费市场发展情况

2017 年是我国电影产业化改革以来的第 16 个年头,《电影产业促进法》于 3 月份正式施行,对电影市场的法治保障更加坚强有力。全年电影市场呈现良好发展的态势,影片供给充足丰富,各主要档期观影活跃,关键性指标持续增长,观众满意度进一步提升,基本公共服务体系保障有力。

一、电影产品供给

(一)产能与数量保持规模优势

我国电影院放映市场的产品供给基本可分为国产影片(包括合拍影片)与进口影片。电影院放映的国产影片以当年创作生产的为主,也有少量的复映影片。进口影片包括分账影片与买断影片。分账影片以好莱坞当年热映影片为主,中外同步上映的情况越来越普遍。买断影片中多国别、多类型特征更加明显,中国电影市场已成为体现世界电影文化多样性的重要承载地。

1. 国产故事影片产量稳中有升。作为世界排名靠前的电影生产大国,近年来我国不再刻意追求电影产量,而是大力推进供给侧结构性改革,着力提升创作质量。2017 年国产故事影片数量和影片总量均比上年小幅增长,且高投资、大制作项目数量继续攀升。但值得注意的是动画影片数量出现了明显下降,这一方面是由于动画创作的周期性规律,另一方面是由于行业内资源整合后集中度显著提高。

表7-1　2013—2017年国产影片数量　　　　（单位:部）

影片种类	2013 年	2014 年	2015 年	2016 年	2017 年
故事影片	638	618	686	772	798
动画影片	29	40	51	49	32
纪录影片	18	25	38	32	44
科教影片	121	52	96	67	68
特种影片	18	23	17	24	28
总　计	824	758	888	944	970

2. 进口影片数量小幅增长。自 1994 年"进口分账大片"重返中国以来,历经 2001 年加入 WTO 谈判和 2012 年中美关于电影谅解备忘录的签署,近年来进口分账影片数量基本保持稳定,买断影片数量不受配额限制,基本由市场进行调节。

表7-2　2013—2017年进口影片数量　　　　（单位:部）

影片种类	2013 年	2014 年	2015 年	2016 年	2017 年
分账影片	34	34	34	34	34
买断影片	35	44	44	65	75
总　计	69	78	78	99	109

3. 上映影片数量显著增加。每年的国产影片产量与进口影片数量之和,与全年实际上映影片的总数量并不一致。对于国产影片而言,并非所有影片都有机会进入影院放映;而在每年进口的分账和买断影片之外,还有一定数量的外国影片通过各类节展活动在影院放映,但展映影片的放映规模与票房收入都非常有限,因此在本报告中不再纳入统计。随着银幕规模的扩容和发行能力的提高,主流市场

放映影片数量呈现逐年增加的趋势。

表7-3　2013—2017年上映影片数量　　　　　　（单位:部）

影片种类	2013年	2014年	2015年	2016年	2017年
国产影片	306	346	402	415	478
进口影片	69	78	78	99	109
总　计	375	424	480	514	587

（二）创作质量显著提升,类型影片更加成熟

主旋律更响亮,正能量更强劲。 为迎接党的十九大胜利召开及纪念建军90周年,以《十八洞村》《建军大业》《战狼2》《血战湘江》《空天猎》《家园》《守边人》等为代表的一批优秀献礼影片成功创作并上映,不仅营造了良好的社会氛围,还在社会主义核心价值观的艺术性呈现、现实主义精神的情节化表达等方面取得了可喜的突破。这些影片以创新的电影语言讴歌英模人物、展现时代激情,树立了主旋律影片创作的新标杆,激发起广大观众的爱国情怀,获得了良好的社会效益和经济效益。影片《战狼2》以56.83亿元票房和1.6亿观影人次创造了多项市场纪录,成为国产电影的突出亮点。

"电影质量促进年"活动蓬勃开展。 以人民为中心的电影创作热情高涨,多题材、多类型、多元化的电影创作格局更加丰富,电影产品供给侧结构性改革初见成效,国产电影质量提高已成为大多数观众的共识。国产类型电影的生产和消费日趋成熟,2017年具有代表性的类型影片情况如下:

1. 动作电影。 作为类型片的重中之重,动作电影能够充分发挥电影的运动特质,在世界范围内拥有广泛的观众基础。2017年上映的国产动作电影28部,收获110.03亿元票房,显示出该类型遥遥领先的主导地位。除《战狼2》外,典型作品还有《功夫瑜伽》《追龙》

《英伦对决》《绣春刀Ⅱ修罗战场》等。

2. 喜剧电影。该类型曾多次给中国电影市场带来新的转机，创造了多个"以小搏大"的票房神话。2017年共上映47部国产喜剧电影，取得56.48亿元的票房佳绩，为观众奉献了宝贵的欢乐与轻松。典型作品有《羞羞的铁拳》《大闹天竺》《缝纫机乐队》《前任3：再见前任》等。

3. 奇幻电影。该类型可以最大程度地体现电影高新技术的强大优势，满足广大观众日益增长的视听需求，是电影工业水平和制作能力的重要标志。虽然2017年上映的典型奇幻电影仅为7部，但票房达到38.61亿元。典型作品有《西游·伏妖篇》《悟空传》《三生三世十里桃花》《妖猫传》。

4. 悬疑电影。作为青年电影人初试才华的重要阵地，悬疑电影也是收获观众口碑最多的类型之一，更体现了中国传统现实主义电影的回潮。该类型影片在2017年频频发力，整体数量和质量都为历年来最高，16部影片取得7.93亿元票房。典型作品有《嫌疑人X的献身》《记忆大师》《暴雪将至》。

5. 其他类型。2017年还有一些过往并不看好的电影类型，取得了令人刮目相看的市场表现。例如文艺气质的《芳华》，在浓烈的怀旧情结里所抒发的人文情怀，为同样真诚善良的观众所力捧，最终票房达到14.21亿元（截至2018年2月6日）。在向来少人问津的纪录片领域，影片《冈仁波齐》《二十二》成功实现了突破。这些优秀国产影片，精彩纷呈、各美其美，构成了2017年中国电影多姿多彩的靓丽风景，以高度统一的观赏性、影响力和传播度巩固了国产影片的市场主体地位。

（三）简政放权带来更多活力

为激发创作活力，保障创作自由，近年来电影主管部门先是取消一般题材电影剧本审查，实行梗概备案公示，进而全面实施国产影片属地审查，将电影制片单位设立、变更、终止审批权限下放省级，并将其改为工商登记后置审批，2017年9月份则彻底取消了制片单位设立审批。为贯彻落实《电影产业促进法》，在简政放权同时做好服务工作，2017年2月电影主管部门作出决定：一是取消《摄制电影许可证》和《摄制电影许可证（单片）》；二是不再单独发放《电影技术合格证》。目前这些措施均已执行到位，为创作生产主体提供了更多便利，进一步解放了电影生产力。

二、电影消费规模与特征

（一）市场核心指标

2017年全国电影总票房为559.11亿元，比上年增长13.45%，城市院线观影人次为16.2亿，比上年增长18.08%；国产电影票房为301.04亿元，占票房总额的53.84%。

2012年以来我国市场规模稳居世界第二，2012年我国总票房为北美市场的25%，而2017年我国总票房已达到北美市场的77.63%。特别值得一提的是，从2013年开始，国产电影顶住了进口配额增长的压力，市场份额保持在50%以上。作为民族电影文化占据主导地位的世界第二大电影市场，中国为全球电影市场稳定增长作出了重要贡献。

2017年过亿影片数量为92部，较去年增长6部，这些影片票房合计占总票房收入的90%。其中国产电影票房过亿的影片一共有51部，比去年增长6部。票房超过10亿元的影片共6部，分别是暑期档上映的《战狼2》，国庆档上映的《羞羞的铁拳》，春节档上映的《功夫瑜伽》《西游·伏妖篇》和《乘风破浪》，贺岁档上映的《芳华》。

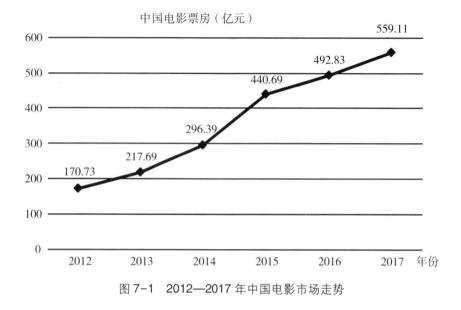

图 7-1 2012—2017 年中国电影市场走势

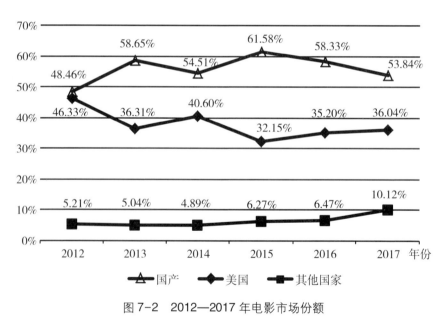

图 7-2 2012—2017 年电影市场份额

尤为突出的是在 2017 年 7 月底上映的国产主旋律影片《战狼 2》,以 56.83 亿元票房和 1.6 亿观影人次,位列 2017 年全球影片票房第 6 名,全球影史票房第 56 名,成为首部进入全球影史票房前 100 名的

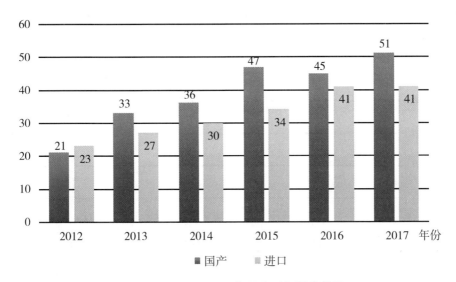

图7-3 2012—2017年票房过亿影片数量

亚洲电影,并创下全球单一市场最多观影人次的纪录。进口影片票房过亿的一共有41部,与上年持平。其中有30部为美国影片,占票房过亿进口影片数量的73.17%。

(二)院线与影院

市场的快速增长得益于影院建设的持续红火。2012年以来平均日增20.6块银幕。2017年全国49条院线共新增影院1435家,影院总量达9446家;新增银幕9597块,总银幕数达50776块,是2012的3.87倍,稳居全球首位。银幕数字化水平全球领先,其中3D银幕数达到44982块,占比为88.59%,远高于北美;巨幕数量接近800块,位居世界前列;大、中、小城市影院结构布局更加合理,县级影院银幕数已达19311块,占比为38.03%。令人可喜的是,我国自主科技创新成果在现代化多厅影院建设中得到广泛应用,中国巨幕在全国140多个城市落地,总数超过280块;中影光峰的ALPD激光放映技术,已在全球8800套数字放映设备得到应用(包括新装和改造),

其中国内 6600 套。此外如"中国多维声"还音系统、芜湖影星银幕等,都已成为民族电影工业的响亮品牌。

中国电影银幕数（块）

图 7-4　2012—2017 年电影银幕数增长情况

2017 年全国排名前 10 的院线票房收入均超过 18 亿元,万达院线票房收入超过 70 亿元,高居首位。另外票房收入在 10 亿元至 20 亿元的院线有两条,20 亿元至 30 亿元的两条,30 亿元至 40 亿元的 1 条,40 亿元至 50 亿元的 4 条。2017 年全国票房收入最高的 10 家电影院基本都位于一线城市,10 家影院票房收入均超过了 5000 万元。

（三）地域市场对比

从经济结构上看,电影产业属于第三产业的一部分,其变化趋势不但与经济发展、人民物质文化需求密切相关,也与科学技术进步、人们思想意识形态的变化有紧密的联系。电影票房的产生,由观众到影院购票所发生的消费行为决定,人口的数量、当地经济社会发展水平是对电影票房产生重要影响的因素。

表 7-4　2017 年各省(区、市)电影票房情况

序号	地区	票房 (亿元)	同比增幅 (%)	观影人次 (万)	同比增幅 (%)
1	广东省	79.98	10.82%	22113	17.88%
2	江苏省	52.04	13.52%	15989	18.43%
3	浙江省	43.97	17.89%	12501	24.77%
4	上海市	35.02	6.99%	8306	13.68%
5	北京市	33.95	5.33%	7637	11.12%
6	四川省	31.94	17.73%	9492	19.03%
7	湖北省	26.50	8.61%	8313	10.05%
8	山东省	22.92	22.22%	7189	23.79%
9	河南省	20.19	17.50%	6533	22.16%
10	辽宁省	18.86	11.35%	6090	14.13%
11	福建省	18.75	8.99%	5269	12.85%
12	安徽省	17.08	18.16%	5508	21.32%
13	湖南省	16.75	18.06%	5095	22.33%
14	重庆市	14.37	5.78%	4368	7.45%
15	河北省	13.92	22.36%	4299	24.87%
16	陕西省	13.71	10.33%	4237	12.19%
17	江西省	12.10	19.69%	3816	22.80%
18	广西壮族自治区	11.06	14.87%	3271	13.47%
19	黑龙江省	9.82	13.41%	3001	18.86%
20	吉林省	8.92	19.82%	2694	17.89%
21	云南省	8.72	13.02%	2493	15.78%
22	山西省	8.36	23.04%	2546	25.90%
23	天津市	8.17	14.67%	2415	15.91%
24	贵州省	6.59	26.36%	1873	33.08%
25	内蒙古自治区	6.40	20.30%	1872	22.60%
26	甘肃省	5.27	14.99%	1578	17.44%
27	海南省	5.20	27.81%	1478	41.63%
28	新疆维吾尔自治区	3.55	20.07%	1092	20.80%
29	宁夏回族自治区	2.34	27.90%	693	31.45%
30	青海省	1.63	23.90%	441	24.56%
31	西藏自治区	0.70	29.31%	141	28.70%

注:表中各省(区、市)票房不包含二级和农村市场数据。

从上表可以看出,2017年共有10个省(区、市)的全年票房增速保持在20%以上,增速前3名为西藏、宁夏与海南,这与3个地区原票房基数偏低有直接关系。在增速超过20%的地区中值得关注的是山东,山东是票房前10名省份中增速最快的,体现出作为经济大省的发展潜力。

经过进一步分析还可以发现,北京、上海、重庆作为直辖市,电影消费水平非常突出,体现出文化娱乐产业发达的特点;山东、河南作为人口和经济大省,虽然总票房均位于全国前10名,但与其经济体量和实力还不完全相称,有进一步提升的空间。此外,湖南、河北、内蒙古等地区的电影市场也具备较大的发展潜力。

(四)观众满意度

1. 调查背景

自2015年春节档开始,中国电影艺术研究中心每年在重点档期对观众进行影片满意度调查(以下简称“调查”)。该调查历经近三年的实践,逐渐走向成熟,已经成为国产电影综合评价体系中的重要指标。

2. 调查对象和范围

2017年共完成7个档期的深入调查研究,并对《明月几时有》《建军大业》《战狼2》和《十八洞村》四部重点影片进行了单项调研。2017年满意度实际调查影片(指样本量符合统计标准的影片,包括国产和进口影片,含主调查、辐射影片)共计75部,进入“满意度调查”项目进行数据统计分析的影片67部(主调查影片,不含辐射片)。满意度调查项目所调查影片涉及多种类型,调查区域包括北京、上海、广州、深圳、武汉、成都、西安、沈阳、佛山、唐山和秦皇岛共11个城市,覆盖一、二、三、四线。调查共收集普通观众样本量达11885个,专业观众样本量3100个。

表 7-5   2017 年中国电影观众满意度调查·档期调查表

档期名称	时间范围	影片数量	城市数量	普通观众样本量	专家观众样本量
春节档	1/28—2/2	6	11	1570	261
春季档	3/10—4/5	10	11	1577	376
五一档	4/15—5/2	8	11	1575	346
暑期档	6/30—8/31	24	11	2454	987
国庆档	9/29—10/7	8	11	1729	361
初冬档	10/27—11/26	11	11	1588	406
贺岁档	12/15—1/2	8	11	1392	363
总计(七个档期)		75	11	11885	3100

3.研究体系和方法

满意度研究体系包含观赏性、思想性和传播度三个维度,以此对国产电影进行综合评估。观赏性包括故事、类型、情节、演技、视听、审美感受等多维考察,并引入新鲜度评价;思想性关注影片的思想深度、情感基调、正能量传递情况等;传播度则完整反映影片人际口碑、网络口碑的传播情况。普通观众调查部分通过对实地观影群众进行现场拦访进行。专业观众调查部分由包含专家学者、电影从业者、行业媒体人士等在内的一线权威团队进行线上互动评分。

4.调查结果

表 7-6   2017 年各档期中国电影观众满意度概览

档期名称	满意度	观赏性	思想性	传播度
春节档	80.9	80.6	79.7	83.7
春季档	81.9	81.4	80.2	85.9
五一档	82	81.5	79.8	86.6
暑期档	85.7	85.3	85.8	86.5
国庆档	83.5	84.6	83.8	80.3
初冬档	78.3	81.2	81.4	66.4
贺岁档	81.1	83.1	82.1	74.6
2017 年全年	83.3	83.6	83.3	82.4

从年内调查的 7 个档期来看,除初冬档以外的其他 6 个档期满意度均进入"满意"区间(≥80 分),其中暑期档满意度得分 85.7 分,居年内首位,同时也是自满意度调查开展以来的档期最高分。另外,2017 年全年的满意度得分高出 2015 年 2.1 分、高出 2016 年 2.3 分,提升明显。

从 2015—2017 年单片满意度总体情况来看,2017 年影片占据了前 20 名中的 12 个席位,其中排名前 5 中有 4 部影片为 2017 年暑期档上映,《战狼 2》以 89.2 的高分成为单片满意度冠军,较 2015 年排名第一的《老炮儿》高出 2.8 分,较 2016 年排名第一的《美人鱼》高出 4.5 分。在观众观影水平日益提升、观影消费趋向理性的形势下,2017 年国产电影从业者潜心创作,涌现出众多制作精良、思想精深的优质电影作品,获得了观众较高的认可,促进市场发展进一步走向成熟。

表 7-7　2015—2017 年中国电影观众满意度单片前 20 名

排序	影片名称	满意度	排序	影片名称	满意度
1	＊战狼 2	89.2	11	＊羞羞的铁拳	84.3
2	＊建军大业	88.7	12	功夫熊猫 3	84.2
3	老炮儿	86.4	13	＊绣春刀·修罗战场	84.0
4	＊我是马布里	86.2	14	＊大护法	84.0
5	＊闪光少女	86.1	15	西游记之大圣归来	83.9
6	美人鱼	84.7	16	＊十万个冷笑话 2	83.8
7	＊破·局	84.5	17	＊芳华	83.6
8	湄公河行动	84.5	18	滚蛋吧!肿瘤君	83.6
9	寻龙诀	84.5	19	＊杀破狼·贪狼	83.3
10	＊缝纫机乐队	84.3	20	铁道飞虎	83.3

注:标＊的影片为 2017 年满意度调查影片。

三、电影公益放映服务

农村电影放映工程是我国基层公共文化服务的重要组成部分。"十三五"以来,农村电影放映在基本实现"一村一月一场"目标的基础上,积极探索转型升级。特别是 2016 年全国农村电影工作座谈会召开以来,农村电影公益服务呈现出新的亮点与特征。2017 年全国农村共放映电影 709 万场,观众人次合计 7.88 亿。

(一)片源供给情况

截至 2017 年底,国家数字电影交易服务平台可供订购影片 4113 部,较去年增加 426 部。全年共有 3725 部影片被院线订购,订购率为 90.6%,同比 2016 年的订购数量(3492 部)增长了 6.7%。

(二)放映主体经营情况

截至 2017 年 12 月底,全国农村电影院线共计 233 条,数字电影版权方 305 家,地面卫星接收中心 219 个,实际运营的放映设备(一年内参与订购的设备)46428 套。全年完成订购场次 11249032 场,较 2016 年增长 1293603 场,涨幅 13%,再创历史新高。其中,非公益版权影片为 6463066 场,公益版权为 4785966 场,占比 42.5%。

(三)"主题聚焦"活动开展情况

为迎接党的十九大胜利召开,营造良好的农村电影文化生态,持久、深入推进社会主义核心价值观教育,共建中华民族大家庭守望相助的精神家园,由国家新闻出版广电总局电影局发起的"小康中国·富美乡村"主题聚焦系列之"迎接党的十九大·共圆小康中国梦"主题放映活动深入开展。本次活动精选了 60 部唱响时代主旋律、传播社会正能量的优秀影片并及时落实版权,通过卫星传输和硬盘快递等方式,确保院线第一时间接收到片源。

各省、市、自治区电影主管部门及各农村院线积极响应,根据各自地区特点,展开丰富多彩的放映活动。10 月 18 日党的十九大隆重召开,主题放映活动进入高潮。累计订购量达到 100 万场,其中《好女婿孝媳妇(戏曲豫剧)》(99531 场)、《湄公河行动》(75570 场)、《铁道飞虎》(67741 场)等推荐影片受到观众的欢迎。此外,《光荣与梦想——我们的中国梦》系列公益影片累计订购场次达 130 万场。

从全国来看,山东、河北、河南三省的订购场次最多,分别达到 16 万场、13 万场和 11 万场。此次主题放映活动范围广,受众人数多,极大丰富了农村电影文化生活,各地观众对此次活动反响强烈,并且各地放映都采取了"标准化"放映模式,让"主题聚焦"活动入心入脑,为迎接和宣传党的十九大创造了良好的电影文化氛围。

四、存在的问题

(一)市场主体结构不合理

一是院线发展不平衡比较突出。目前,院线公司数量过多,院线与院线之间、影院与影院之间差距悬殊。例如 2017 年排名第一的院线票房超过 70 亿元,最后一名才 540 万元左右,一条院线一年的总票房还不如一家影院。二是部分院线"四个统一"的职能弱化。这主要是由于院线与影院之间比较复杂的联结关系造成的。除了资产联结型的直营店,契约联结型的加盟店,还有影管公司的集团加盟的形式。这种比较复杂的联结关系,导致部分院线成了一块招牌,落实"统一品牌、统一排片、统一经营、统一管理"的基本职能打了折扣。

三是院线经营发展缺少差异化。许多影院排片方式粗放,市场实际承载能力的提升与市场容量的扩大未能同步,而影院的上座率长期徘徊在15%左右,大量放映时段是闲置的。

(二)影院管理和服务水平有待升级

目前影院建设标准普遍很高,从硬件设施上居世界领先水平,但是软件和服务方面却不尽如人意。首先是放映的标准化问题。电影放映有明确的技术标准,尤其是亮度、声音,视听效果直接影响观众感受。可仍然有影院为节省成本把灯泡调暗。其次是影院的营销能力问题。互联网深度介入发行放映业务后,部分电影院主动宣传与营销能力受到较大影响,原有的会员体系受到较大冲击。

(三)市场秩序亟需规范

目前电影发行放映领域规模非常可观,包括数十条院线、几百家发行公司和9000多家影院,是电影产业链的重要组成部分。但这两年市场上一些短期行为凸显,如果不从根本上从严治理,就会危害电影产业可持续发展。首先是偷漏瞒报票房的方式和手法还在不断翻新,从手工票、退票这些套路,发展到截留软件等高技术手段。其次是发行放映领域的利益分配问题。有的经营主体缺乏大局和整体观念,试图从产业链条中挤占额外利益,破坏了行业秩序。

(四)互联网的影响与冲击

目前互联网售票占到80%以上。从总体上说,电商的融入给电影产业带来了利好,但是电商的快速发展又带来了新的矛盾和问题。一是冲击了原有的发行放映体系。使得行业结构和关系更加复杂,随之带来了分配机制、合作机制和理念方面的冲突。二是存在垄断的威胁与隐患。目前少数公司占据了大部分市场份额,相关的管理措施还不完善,存在大公司利用优势地位进行不公平竞争的可能性。

五、重点改进措施

2018 年是深入贯彻落实党的十九大精神、加快中国电影繁荣发展的重要一年。为促进电影消费市场健康发展,电影主管部门将着力推动以下重点工作。

(一)深化院线制改革

坚持问题导向,改变目前院线数量过多,部分院线规模过小、经营管理水平不够高、一些院线的控制力不强等问题。遵循电影市场规律,尊重中国电影市场的发展实际,鼓励院线重组整合,做大做强,真正履行"四个统一"的职能,推动形成结构相对合理、规模数量适当、具有较强实力、市场充分竞争的基本格局。研究加强院线和影院管理的相关措施,包括年审制度、退出机制等。

(二)深化发行机制改革

重点围绕提高上座率、提高影片容量、发挥市场潜力,提高市场配置资源的效率,让市场更有活力,让观众有更多选择。在分线发行、分区域发行、分轮次发行等方面积极探索,进一步办好"全国艺术电影放映联盟"等试点。

(三)规范互联网售票业务

修订互联网售票指导意见,推动形成更加合理的利益分配机制,更好地服务电影产业。

（四）加强市场监管

开展"电影市场规范加强年"活动,重点惩治偷漏瞒报、注水票房、恶意技术锁场、盗录盗播、放映质量低劣以及不公平竞争等问题。

（五）提高影院建设规划水平

针对热点地区影院建设扎堆,趋于甚至突破饱和的情况,电影主管部门加强对各大院线、影管公司的科学引导,推动资源合理配置与布局,提高经营效益。

（国家新闻出版广电总局电影局）

第八章　家政服务消费发展情况

家政服务是《国务院办公厅关于发展家庭服务业的指导意见》（国办发〔2010〕43号）文件提出的家庭服务业四个重点发展业态之一，大力发展家政服务，对于增加就业、改善民生、扩大内需、调整产业结构具有重要意义。

一、家政服务业发展现状

2017年，家政服务保持良好发展势头，社会对家政服务的需求持续增长，家政服务产业规模继续扩大，家政服务领域就业人数不断增多。随着互联网+家政服务的发展，家政服务线上线下融合进一步加深，知名品牌不断涌现，总体上看，服务供给进一步增加，服务质量进一步提高。

（一）**家政服务需求持续扩大**。随着我国人口老龄化日益加剧、全面"二孩"政策深入实施以及中产阶层不断扩大，家政服务需求旺盛，尤其是母婴照护、居家老年人看护、小时工等家政服务需求持续高速增长。

（二）**家政服务企业规模持续扩大**。据统计显示，我国家政服务企业数量增速放缓、企业规模增速加快，2015年全国家政服务企业同比增长4万家，2016年同比增长2万家，在"千户百强"家庭服务企业（单位）创建活动的推动下，家政服务企业越来越重视品牌化建设,同时,大量社会资本介入,推动一大批家政服务龙头企业高速增长。

（三）**家政服务从业人员规模持续增长**。2017 年,受益于国家脱贫攻坚政策和实施全国家政服务劳务对接扶贫行动、"百城万村"家政扶贫试点行动,一大批贫困妇女进入家政服务行业就业创业。截至 2017 年底,预计全国家政服务从业人员将达到 2800 万左右。

（四）**家政服务知名品牌不断涌现**。各地通过"千户百强"家庭服务企业（单位）创建活动,以及社会对品牌家政服务企业的认同度逐步提升,涌现出一些全国知名家政服务品牌,打造了一大批区域性家政服务龙头企业。

（五）**互联网+家政服务快速发展**。在国家"互联网+"战略和互联网技术的推动下,一大批互联网企业直接或间接加入家政服务行业。家政服务 O2O 模式得到快速发展,催生一大批互联网+家政服务企业,促进了家政服务信息平台建设,提升了家政服务供需对接、客户和服务人员管理、市场推广等方面的效率。在家政服务市场快速发展的影响下,不少家政服务企业进入资本市场在新三板挂牌上市,目前,一批家政服务企业已经完成 A 轮、B 轮融资,融资规模多在百万、千万美元以上。

二、家政服务业发展的消费环境

家政服务作为传统行业,一直处于一种自然发展状态,近几年来,随着社会需求增大,越来越受到社会的重视,行业发展得到广泛关注,促进了行业的规范化发展,家政服务正在逐步由粗放式发展走向专业化、精细化、品质化发展。

（一）**家政服务标准化程度提高**。在家政服务龙头企业的支撑下,全国家政服务标准化技术委员会和其他涉及家政服务的标准化技术委员会,积极开展家政服务标准制(修)订,截至目前,已发布国家标准9项,行业标准20余项。各地区积极引导行业协会、龙头企业开展地方标准的制(修)订,围绕家政服务企业经营、家庭看护、家务管理、家庭保洁、家庭餐制作等方面,进一步细化出台地方标准,仅山东省已经出台24项地方标准。

（二）**家政服务合同制不断推广**。使用家政服务规范合同文本,已经成为行业企业、家庭用户的共识,全国大部分省(区、市)制定发布了《家政服务示范性合同文本》,积极向企业推广使用,家政服务企业在提供家政服务时,都能自觉与家庭用户签订家政服务合同,依据合同约定提供规范化服务。

（三）**家政服务诚信建设逐步增强**。一些地方依托行业协会、龙头企业搭建了家政服务信息平台,探索建立家政服务诚信管理体系。上海市建立了家政服务员登记注册制度,鼓励家政服务员定期在行业协会注册个人身份信息、健康信息和技能信息,家政服务员持卡入户服务,实现了对家政服务员的有效管理。福建省建立了诚信服务管理制度(二维码制度),消费者可以使用手机扫描家政服务员所持的诚信服务卡,即时查询到家政服务员的身份、学历、健康状况、培训情况、职业技能、服务历史评分、从业经历等信息。家政服务员服务结束后,消费者可以通过诚信管理平台对家政服务员进行评价或进行投诉。北京市引用国家标准对本地家政服务企业进行"评星定档",促进了家政服务规范化发展。

（四）**家政服务职业化稳步推进**。家政服务的旺盛需求,以及家政服务中的"月嫂"等工种的高收入,正在逐步改变社会对家政服务的认识。近年来,北京、上海等一线城市家政服务人员平均薪酬快速增长,2017年,一线城市月嫂、母婴护理等岗位的月薪已经超过8000元,比上年同期上涨1000元左右,一些职业技能较高的"金牌保姆",月薪甚至已经超过了白领阶层。居家保姆的平均月薪也从上年的 4000 元左右上升到 5000 元,吸引一大批家政服务从业人员长期稳定就业,提升了家政服务行业的职业化程度。家政学列入《普通高等学校本科专业目录(2012 年)》以及《高等职业学校家政服务专业教学标准(试行)》印发后,截至目前,全国已经有 10 余所高等学校、20 余所职业院校、24 所技工院校开设家政服务专业,为家政服务职业化建设提供了人才支撑。各地不断加大家政服务从业人员职业技能培训力度,仅北京全年培训就达 6.4 万人次,内蒙古全年培训 12 万人次。各级工会、妇联组织发挥自身优势,利用自身资源,积极开展家政服务相关专业的培训。

(五)**家政服务市场监管逐步加强**。一些地区结合"3·15"和其他新闻媒体曝光的问题和重大案件,积极协调力量,加大对家政服务市场的专项执法检查和日常执法检查力度,查处了一批违法行为和不诚信服务行为,不断规范家政服务市场经营秩序。

三、家政服务业发展的政策环境

由人力资源社会保障部牵头的发展家庭服务业促进就业部际联席会议,按照第九次全体会议的部署,围绕"增加服务供给、提高服务质量"中心任务,着力落实和完善扶持家庭服务企业发展的政策体系,着力加强家庭服务行业规范化建设,着力加强家庭服务从业人员职业化建设,着力推进中心城市家庭服务体系建设,不断推进包括家政服务在内的家庭服务业发展。

(一)**加大扶持政策力度**。在实施员工制家政服务收入免征营业税的基础上,印发《关于全面推开营业税改征增值税试点的通知》(财税〔2016〕36 号),其中明确对家政服务企业由员工制家政服务员取得的收入免征增值税。各地区在实施从业人员社保补贴、稳定就业补贴、培训补贴以及小额担保贷款等方面,也出台了一些有力的政策措施,加大了地方财政资金投入。有的地区还设立了发展家庭服务业(家政服务)专项资金,用于支持开展家政服务职业技能培训等。

（二）实施家政服务提质扩容行动。 印发《家政服务提质扩容行动方案(2017年)》,提出了18项推动家政服务发展的政策措施,推进家政服务专业化、规模化、网络化、规范化发展。各地区围绕落实提质扩容行动,普遍进行了任务分解细化,明确了任务分工,确保完成目标任务。山东、四川、青海等地还印发了家政服务发展五年专项规划。

（三）实施家政服务劳务对接扶贫行动。 2017年3月,部际联席会议办公室根据第九次全体会议要求,印发通知,对在全国开展家政服务劳务对接扶贫行动作出全面部署。中心城市和贫困县积极组织摸底调查输入、输出需求。在各地填报对接意向基础上,对输入地与输出地进行协商匹配。截至8月底,达成跨省劳务对接协议119份,河北、山西、内蒙古、河南、四川等省份还在省域内开展了中心城市与贫困县的劳务对接。9月12日,部际联席会议办公室在石家庄市举办跨省劳务对接扶贫行动签约活动。各地通过集成职业介绍补贴、职业培训补贴、社会保险补贴、交通补贴等有关政策,加强对劳务对接扶贫行动的政策支持。

（四）积极推进"两化"建设。 根据人力资源社会保障部、国家发展改革委等八单位联合印发的《关于开展家庭服务业规范化职业化建设的通知》(人社部发〔2014〕98号)要求,在全国范围内开展了家庭服务培训示范基地建设工作,截至目前,各地区基本完成了第一轮省级家庭服务培训示范基地认定,平均每个省(区、市)认定5—6家。9月份,部际联席会议办公室在北京举办了首次全国家庭服务师资培训班,围绕提高家庭服务业培训能力,对140名来自各地家庭服务培训示范基地及其他家政服务培训机构的师资进行培训。一些地区围绕深入推进"两化"建设,探索建立起一些具有地方特色的经验做法,比如建立统一的信息平台、建立家政服务"黑名单"制度等。

（五）积极开展家政服务职业技能大赛活动。各地区人社、商务等部门积极发挥工会、妇联、行业协会的作用，广泛开展不同类别不同层次的职业技能大赛活动，通过举办职业技能大赛，依托广播电视等新闻媒体广泛宣传，树立了行业形象，提高了从业人员的职业认同感。

四、家政服务业发展面临的
新形势和新挑战

包括家政服务在内的家庭服务业在经历持续多年的快速发展之后，迎来了新的机遇和挑战。尤其是国家产业结构调整以及大力发展第三产业战略，为家政服务发展提供了机遇，而快速增长的人工成本、从业人员来源不足以及对从业人员素质的要求，也对家政服务业发展提出了新的挑战。

（一）家政服务劳动力市场，供需矛盾将长期存在。家政服务从业人员的主体大多为农村转移就业劳动力和城镇失业人员以及去产能过程中的下岗职工，年龄普遍偏大，一些城镇下岗职工正在逐渐退出劳动力市场。从农村转移就业劳动力来看，增速明显放缓，而且新进入劳动力市场的新生代农民工，受社会传统观念的影响，未将家政服务作为就业的第一选择。虽然近几年来，随着国家脱贫攻坚实施的就业扶贫政策，推动了一大批贫困地区的劳动妇女从事家政服务，也只是暂时缓解了供给短缺，没有从根本上解决供给问题。

（二）家政服务的供给模式，将从"一对一"式服务转变为"多对多"式服务。由于家政服务人力资源成本提高，住家式的"一对一"服务将逐步减少。随着家政服务企业经营模式不断探索，家政服务进社区将成为一种普遍模式。通过进驻社区，家政服务可以实现团队化服务，对家庭实施"一对多"或"多对多"式服务，满足不同家庭、不同需求的多样化家政服务。"多对多"式家政服务，既节省了人力

资源成本,又克服了年轻一代家政服务从业人员不愿住家的问题,更有利于企业规范化经营管理。

(三)**家政服务行业的发展模式,将从注重数量发展转变为注重质量发展**。从社会需求来看,更多的家庭用户更加注重品牌化、品质化的家政服务,对标准化的家政服务要求越来越高,促使家政服务企业更加注重企业规范化发展,更加注重品牌建设。

(四)**家政服务企业的经营模式,将从粗放式发展转变为专业化发展**。随着国家经济发展、人民收入提高,人民对美好生活的追求越来越高,对家政服务的需求已经不再满足于照看一老一小、打扫卫生、洗衣做饭等日常家务,婴幼儿照护、儿童早期教育、家务管理等需求快速增长,对家政服务员素质的要求越来越高。目前,已经出现家政公司团队化、专业化服务趋势。

(五)**家政服务线上企业与线下企业,将出现深度融合发展**。互联网技术和互联网企业加入家政服务行业,在一定程度上冲击了线下规模较小的家政服务企业发展,甚至一度出现经营困难。但随着"互联网+家政服务"的逐步发展,线上企业越来越需要线下实体家政服务企业的支撑,线上企业的信息平台资源和宣传推广资源通过与线下企业的人力资源有机结合,更好地促进家政服务融合发展。

五、促进家政服务提质扩容
面临的矛盾和问题

党的十九大和中央经济工作会议,对发展家政服务业、扩大家政服务消费提出了更高的要求,随着我国社会主要矛盾的转变,人民对美好生活的追求,尤其是对家政服务的高质量需求和家政服务发展不平衡不充分的矛盾日益突出。主要体现在"三个不平衡、三个不充分"。

（一）**供给数量与市场需求不平衡**。随着国家实施全面"二孩"政策、老年人口的快速增长、中等收入阶层的快速扩张，对家政服务的刚性需求将持续保持较快增长。预计到2020年，我国老年人口将达到2.5亿左右。据统计，实施全面"二孩"政策后，2016年新生儿数量为1846万，比2015年增加190万，0—15岁人口达到2.44亿。对老年人看护、月嫂、育儿嫂等家政服务需求将出现井喷式增长。目前，仅北京市家政服务人员用工缺口就达20—30万，"两节"期间缺口更大。

（二）**供给质量与家庭需要不平衡**。随着人民生活水平不断提高，对高品质的家政服务需求越来越大。而当前家政服务从业人员普遍年龄偏大、文化水平偏低，技能提升空间不大，提供高品质、专业化的家政服务难，与家政服务的高品质要求不相适应。

（三）**家政服务企业管理水平与行业发展要求不平衡**。目前全国家政服务企业数量约66万家，规模以下家政服务企业50多万家，普遍规模较小，缺乏资金投入，大多属于小作坊式的粗放式经营，缺乏经营管理人才，与行业的快速发展和转型发展不相适应。

（四）**家政服务市场监管不充分**。近几年来，家政服务市场出现的极端个案，以及大量不诚信行为，反映出对家政服务市场的监管还缺乏行之有效的手段和方法，有的地方甚至出现监管缺位、监管体系不完善、监管职责不清等问题。

（五）**家政服务从业人员劳动保障权益维护不充分**。由于家政服务的特殊性，很难实施员工制管理，大多数家政服务从业人员未签订劳动合同，劳动保障权益维护难。

（六）**扶持政策不充分**。近几年来，随着国家扶持政策力度加大，出台了一系列扶持家政服务企业发展的政策措施，但在落实上还没有形成合力，有些政策还没有得到有效落实，有些政策针对性不强，没有发挥出政策的扶持作用。

六、下一步推动家政服务业
发展的思路和工作重点

发展家庭服务业促进就业工作要以习近平新时代中国特色社会主义思想为指导,深入贯彻党的十九大和中央经济工作会议精神,坚持以人民为中心的发展思想,把握高质量发展的要求,立足深化供给侧结构性改革,围绕"增加服务供给,提高服务质量"中心任务,大力推动家政服务业高质量发展,不断满足人民群众和广大家庭美好生活需要。

(一)着力落实和完善扶持家政服务企业发展的政策措施。继续深入推动《家政服务提质扩容行动方案(2017年)》的落地实施。继续开展长期护理保险制度试点,及时总结经验,加强制度顶层设计。落实好员工制家政服务企业免征增值税政策,研究对非员工制家政服务企业的支持政策。积极开展"千户百强"家庭服务企业(单位)创建活动,组织"千户百强"家庭服务企业(单位)成果展示,组织开展家庭服务业百强企业相关宣传。深入推进全国家政服务劳务对接扶贫行动,引导中西部地区贫困县与中心城市劳务对接,用好各项扶贫政策,引导更多贫困劳动人口到家政服务行业就业创业,实现精准脱贫,增加服务供给。继续指导和推动72个联系点城市加强家庭服务体系建设,总结推广典型经验。指导联系点城市开展"家庭服务进社区"活动,鼓励和引导家政服务企业(单位)进驻社区,为居民提供方便快捷的家政服务。

(二)着力推进家政服务企业转变经营方式。坚持市场在资源配置中的决定性作用,进一步优化环境,激发家政服务企业的市场活力和创新动力。引导家政服务企业充分利用互联网技术及人工智能等现代服务资源,在各类扶持政策的实施中,注重引导家政服务企业加快转变经营方式。在"千户百强"家庭服务业企业创建活动中,充分展示企业的先进经营方式和服务理念。组织开展家政服务企业服务创新经验交流活动,发挥创新企业的示范引领作用。加强舆论宣传,推广新型经营方式,营造争创高质量家政服务的良好社会氛围,提倡科学先进的家政服务消费理念。

(三)**着力加强家政服务行业规范化建设**。开展家政服务市场专项执法检查,对各地家政服务市场执法检查情况进行督查。推动婴幼儿照护和儿童早期服务规范化发展。推动建设家政服务诚信体系,建立家政服务员跟踪和评价制度、信用记录管理制度、失信惩戒公示制度等在内的诚信制度,探索建立家政服务企业"红黑"名单制度。以家政服务信息管理系统为基础,建立包含家政服务员自然人基本信息、从业经历和服务技能等内容的家政服务员档案数据库。指导全国家政服务标准化技术委员会开展家政服务标准制订修订工作。加强家政服务从业人员权益保障研究,维护家政服务从业人员的劳动权益。

(四)**着力推进家政服务从业人员职业化建设**。继续实施农民工职业技能提升计划("春潮行动"),指导各地认真落实家庭服务业培训补贴的相关政策,积极实施巾帼家政服务专项培训工程。将母婴护理员、育婴员列入职业培训重点,促进解决婴幼儿照护和儿童早期教育服务问题。推进家庭服务业职业培训示范基地建设,遴选国家级示范基地。加强家庭服务师资队伍建设,举办第二期全国家庭服务师资培训班。指导开展高等职业学校家政服务专业教学标准修订,组织开发相关教材。加大对家政服务的宣传力度,不断提高从业人员的职业认同感和社会地位,树立行业良好形象。

(人力资源社会保障部农民工工作司、

国家发展改革委社会发展司)

第九章　养老消费发展情况

养老服务业既是涉及亿万群众福祉的民生事业,也是具有巨大发展潜力的朝阳产业。近年来,我国养老服务业快速发展,产业规模不断扩大,服务体系逐步完善,有效满足了老年群体日益增长的多层次、多样化养老消费需求,为及时、科学、综合应对人口老龄化提供了有力支撑。

一、养老消费发展面临"黄金机遇"

(一)我国日益严峻的人口老龄化形势孕育了巨大的养老消费需求

我国人口老龄化呈现出总量大、速度快、不平衡的特点。一是总量大。2017年60岁以上老年人口已超过2.4亿,占总人口比例达到17.3%。到2020年,全国60岁以上老年人口将增加到2.55亿左右,占总人口比重提升到17.8%左右。预计到本世纪中叶我国将进入深度老龄化阶段,老年人口将达到4.8亿左右。在这一过程中,我国老年人口数量始终居于世界第一位。二是增速快。2000年,我国同世界总体同步进入老龄化社会,但是预计2000年—2050年,我国老年人口比重的增加速度是同期世界老年人口比重增加平均速度的2

倍多,属于老龄化速度最快的国家之一。三是不平衡。我国人口老龄化程度区域、城乡之间不平衡。2017年底我国城镇化率达到58.52%。面对如此庞大的消费群体,养老服务需求在今后一段时期内将面临刚性增长。只有提高养老服务供给体系的质量和效率,努力实现供求关系新的动态均衡,才能更好满足人民群众日益增长的养老服务需求。

(二)经济发展进入新常态为养老服务业发展提出新的要求

党的十九大报告对发展养老服务业有重要论述,明确指出:"积极应对人口老龄化,构建养老、孝老、敬老政策体系和社会环境,推进医养结合,加快老龄事业和产业发展",对今后一段时期发展养老服务业指明了方向,提供了遵循。党的十八大以来,以习近平同志为核心的党中央作出经济发展进入新常态的重大判断,这是经过了三十多年高速增长、总量扩张后,经济发展表现出的新状态、新格局和新阶段,突出表现在速度变化、结构优化和动能转换。为更好地适应把握引领经济新常态,党中央、国务院在实践中逐步形成了以新发展理念为指导、以供给侧结构性改革为主线的政策体系。李克强总理在今年的政府工作报告中指出,积极扩大消费和促进有效投资,支持社会力量增加医疗、养老、教育、文化、体育等服务供给,并提出扩大电信、医疗、教育、养老等领域开放。以经济结构战略性调整为主攻方向加快转变经济发展方式,是当前和今后一个时期我国经济发展的重要任务。无论是从世界发展态势看还是从国内发展要求看,加快推进经济结构战略性调整都是大势所趋,刻不容缓。而养老服务业具有劳动密集型和技术密集型的特点,既是经济结构转型升级的应有之义,也是消费升级的重点领域,还是推动创新发展的重要力量。发展养老服务业有利于引导激发新消费、培育壮大新动能、推动经济转型升级,对于推进健康中国建设,增进人民福祉具有积极意义。

（三）养老服务政策体系的逐步建立完善为养老服务业发展营造了良好的环境

2013 年，《国务院关于加快发展养老服务业的若干意见》（国发〔2013〕35 号）对养老服务业发展做出了顶层设计和全面部署。文件印发后，各地、各有关部门高度重视，认真贯彻落实。有关部门陆续出台了养老设施建设、土地、人才培养、标准化、责任保险、社区信息化、公办养老机构改革、老年人补贴、购买服务、长期护理保险试点等近 30 多个政策文件。

"十三五"时期，《国民经济和社会发展第十三个五年规划纲要》对积极应对人口老龄化首次单设一章。2016 年 5 月底，中共中央政治局就我国人口老龄化形势和对策举行第 32 次集体学习，提出要着力发展养老服务业和老龄产业。2016 年底，为促进养老服务业更好更快发展，国务院办公厅印发了《关于全面放开养老服务市场 提升养老服务质量的若干意见》（国办发〔2016〕91 号），对降低准入门槛、精简行政审批环节、改进政府服务、加快公办养老机构改革、加强行业信用建设、建立医养结合绿色通道、发展适老金融服务、创新养老服务方式，完善土地、人才、财政支持等措施提出明确任务要求，并提出 17 项重点任务分工，为养老服务业发展营造了良好的政策环境。2017 年，国务院办公厅印发了《关于制定和实施老年人照顾服务项目的意见》（国办发〔2017〕52 号），立足于保障老年人权益和服务需求，整合服务资源，拓展服务内容，创新服务方式，提高服务质量，提出了 20 条重点任务，为老年人提供更多更好的照顾服务。

二、养老消费升级驶入"快车道"

（一）居家社区养老服务不断提质升级

一是设施数量大幅提高。"十二五"时期,中央和地方大力支持社区养老服务设施建设,基本实现城市社区全覆盖,农村覆盖率超过50%的目标。2016 年,民政部联合财政部启动了中央财政支持居家和社区养老服务改革试点工作,目前已支持 54 个地级市(区)开展改革试点。截至 2017 年底,全国共有社区养老机构和设施 4.3 万个,社区互助型养老服务设施 8.2 万个。二是供给方式日趋多元。部分地方开始探索社会力量通过公办民营、民办公助、股权合作等方式参与社区养老服务设施建设、运营和管理,为老人提供更加优质的社区养老服务。在农村地区,"幸福院"农村互助养老等适合中国国情的居家社区养老模式也逐步发展。三是服务内容更加丰富。很多地区利用物联网、移动互联网、云计算、大数据等信息技术,开发了应用智能终端和居家社区养老服务智慧平台、信息系统、APP 应用、微信公众号等,居家社区养老的服务内容和服务范围大大拓展,由单纯的社区服务帮扶逐步延伸到家政、助餐、助浴、助洁、助急、助医等服务领域。例如,浙江省积极推进"互联网+养老服务",共有 86 个市县建立了居家养老服务信息系统,大多数平台具备了紧急呼叫、信息管理、需求对接、绩效评估等功能。

（二）养老服务机构和床位数量不断增加

一是养老服务机构快速增加。截至 2017 年底,全国各类养老服务机构和设施 15.36 万个,其中注册登记的养老机构 2.9 万个。二是养老床位数不断增加。截至 2017 年底,全国各类养老床位合计

714.2 万张;每千名老年人拥有养老床位约 30 张。三是质量明显改善。越来越多的养老服务机构目前不仅提供生活照料、膳食服务等服务,还提供医疗保健、康复护理以及文化娱乐活动等服务。根据 2017 年民政部联合公安部等部门开展的养老院服务质量建设专项行动数据统计,养老院配备社会工作者、康复师、营养师等专业人员由 8% 提升到 56.2%,超过 93% 的养老院开展了医养结合服务。四是结构更加合理。截至 2017 年底,全国社会力量办养老机构数占养老机构总数的比例已达到 45.7%,同时护理型床位占比达 47%,预计到 2020 年,社会力量办养老机构占养老机构总数比例将超过 50%。

(三)养老产业规模不断扩大,业态日益丰富

一是产业规模不断扩大。随着各类市场主体和社会力量的广泛进入,养老服务的消费市场潜力被不断激发,养老产业增加值在 GDP 中所占比重迅速上升。根据全国老龄办的预测,未来我国老年人口巨大消费潜力将成为国民经济重要新动能。当前我国养老服务就业岗位潜在需求超过 500 万个,2020 年将超过 1000 万个,其中相当数量的岗位都将产生在居家养老消费中。二是业态日益丰富。随着养老服务受关注度的提高和创新要素的融入,养老服务的产业形态也在不断变化,新兴业态不断涌现,新的技术也加快应用。尤其是社会资本在健康领域投资热潮的兴起,地产、保险等资本不断进入健康养老、老年地产、养老养生、养老旅游等跨界融合的行业,养老服务业被催生成为朝阳产业,受到社会资本的热捧。

三、养老消费升级面临的问题

一是政策落实"最后一公里"问题尚待解决。虽然国家层面陆

续出台了土地、金融、税收、价格、人才等多方面的支持政策,但仍然存在地方执行不到位和一些配套落实政策不完善的现象,企业和投资者不能马上享受到政策红利,有效供给还显不足。

二是养老消费发展支撑不够,导致市场潜力未充分释放。养老服务业的统计制度尚未建立,基础数据缺乏,难以向社会发出准确进入的信号。体制机制改革滞后,公办养老机构在资源配置中仍占优势地位,一定程度上压缩了社会力量参与养老产业的空间。各地各部门对养老服务业发展规律的认识有待深化,合理引导不够。

三是消费市场环境还有待规范。全国范围内养老服务质量标准和评价体系还不完善,养老服务领域行业信用体系尚未建立。一些民办机构自身资信度不高、信用评级缺乏和财务管理不规范,导致自身融资困难,也造成养老领域监管难度大。

四、养老服务业发展展望

(一)突出社会力量的主体作用,全面放开养老服务市场

政府不包办,社会力量是主体,是发展养老消费的一条基本原则,要发挥企业、公益慈善组织、个人的作用,形成政府、社会、市场、个人和家庭共同推动的体制机制。下一步,各地各有关部门将进一步简化行政审批程序,鼓励民间资本进入养老市场,提供多层次多样化的养老服务;改进审批方式,推行养老机构申办一站式服务,进一步提高审批效率;加快公办养老机构改革,合理设定改革目标,鼓励社会力量通过独资、合资、合作、联营、参股、租赁等方式,参与公办养老机构改革。总之,就是要进一步创造条件让更多社会力量进得来、留得住、有收获。

（二）突出养老服务体系建设，提升居家社区养老生活品质

既要依托线下机构提升养老服务能力，也要充分发挥互联网优势，加快养老服务O2O等模式落实，有效对接助餐、助洁、助行、助浴、助医等供求信息，真正实现针对个性化需求提供实时响应的养老定制服务。下一步，将着力发挥养老服务机构对社区养老的支持作用，鼓励建设小型社区养老院，满足老年人就近养老需求；将着力提高老年人生活便捷化水平，通过政府补贴、产业引导和业主众筹等方式，加快推进老旧居住小区和老年人家庭的无障碍改造，支持开发老年宜居住宅和代际亲情住宅。总之，就是要提升居家社区养老生活品质，提升老年人生活的幸福感。

（三）突出创新驱动，全力打造优质养老服务供给体系

下一步，要打通养老服务信息共享渠道，促进养老服务公共信息资源向各类养老服务机构开放；着力鼓励发展智慧养老服务新业态，开发和运用智能硬件，创新居家养老服务模式，重点推进老年人健康管理、紧急救援、精神慰藉、服务预约、物品代购等服务，开发更加多元、精准的私人订制服务；着力促进老年产品用品升级，支持企业利用新技术、新工艺、新材料和新装备开发为老年人服务的产品用品，研发老年人乐于接受和方便使用的智能科技产品。总之，就是要通过实践创新、制度创新、技术创新，让更多老年人享受到品质优异、高效便捷的养老服务。

（四）突出优化发展环境，强化对养老服务业的政策保障

针对当前养老服务业发展面临的融资难、用地难、运营难、发展难等问题，下一步，要着力发挥规划引领作用，养老服务相关规划与城乡规划、土地利用总体规划、城镇化规划、区域规划等相衔接，系统

提升服务能力和水平;要着力继续完善财政支持政策,对养老机构的运行补贴按接收老年人的失能情况合理发放;要着力拓宽投融资渠道,鼓励社会资本采取建立基金、发行企业债券等方式筹集资金,鼓励银行业金融机构以养老服务机构有偿取得的土地使用权、产权明晰的房产等固定资产和应收账款、动产、知识产权、股权等抵质押,提供信贷支持;要着力加强行业信用建设,建立覆盖养老服务行业法人、从业人员和服务对象的行业信用体系,建立健全信用信息记录和归集机制,建立多部门、跨地区的联合奖惩机制,建立养老服务行业红黑名单制度和市场退出机制,加强行业自律和监管。总之,要创造条件,使养老服务业成长为经济发展的新动能,发挥其在稳增长、促改革、调结构、惠民生方面的重要作用。

(国家发展改革委社会发展司、

民政部社会福利和慈善事业促进司)

第十章　健康消费发展情况

一、健康消费总体发展态势

2017年以来,居民健康消费需求呈现多层次、多样化特点,全国健康消费规模持续扩大,健康消费结构不断优化升级。

(一)健康消费总体规模持续增大

2017年,我国居民人均医疗保健消费支出1451元,占人均消费支出的比重为7.9%,同比增长11.0%,高于人均消费支出增速。社会卫生固定资产投资对全社会固定资产投资增长的贡献率由2012年的5‰增长至2016年的15‰。从全行业看,2017年卫生和社会工作固定资产投资7327亿元,比上年增长18.1%,约为全国固定资产投资(不含农户)总体增速的2.5倍。其中卫生和社会工作民间固定资产投资3037亿元,比上年增长25.4%,是民间固定资产投资总体增速的4倍多。健康领域民间投资活力得到有效激发。

(二)健康消费结构逐步优化升级

随着人民生活水平提高以及健康素养水平的提升,健康消费需求持续增长,多元化、多层次健康消费需求不断增长,用于保健、疗养、健身等方面支出增长较快,对于定期健康体检、健康辅导咨询、体育健身、医学美容以及健康休闲旅游等新兴健康服务需求快速增加,健康消费需求已由单一、传统的疾病治疗向疾病预防型、健康保健型、身心提升型的多层次、多样化需求转变,健康消费结构不断优化升级。

(三)个人医疗卫生支出占比下降

2013—2017 年,我国卫生总费用由 31669 亿元增长到 51599 亿元(2017 年卫生总费用数据为初步推算结果),占 GDP 的比重达到 6.2%。其中,政府卫生支出占比持平,社会卫生支出(以基本医疗保障支出、商业健康保险费、社会办医支出等为主体)占比由 36.0%增长为 41.1%,居民个人卫生支出占比由 33.9%降低为 28.8%。

二、重点领域健康服务状况

(一)医疗卫生服务

我国医疗卫生服务需求快速增长。随着经济增长、医疗保障水平的不断提高和消费结构转型升级,人民群众健康需求快速释放,需求层次逐步升级。2004—2017 年,诊疗人次从 39.9 亿人次增长到 81.8 亿人次,居民人均就诊次数由 3.0 次增加到 5.9 次,入院人数从 6676 万人增长到 24446 万人,住院率由 5.0%增加到 17.6%。

中央投资稳步增长。2017 年国家共安排中央预算内投资 242 亿元支持 1138 个医疗卫生项目建设。截至 2017 年底,"十二五"以来中央投资的卫生计生建设项目开工率已达 98%,累计完成投资 2677 亿元,其中中央投资 1205 亿元(完成率 75%)。

社会办医发展势头良好。根据 2017 年年报初步统计结果,到 2017 年底,全国社会办医疗机构 44.8 万家,占医疗机构总数的 46.3%。民营医院 1.8 万家,比上年增加 2320 家,占医院总数的比重已上升到 60.4%;2017 年民营医院床位数 149.1 万张,占医院床位的 24.4%;民营医院总诊疗人次达到 4.9 亿人次,比上年增长 15.2%,占到医院总诊疗量的 14.1%;出院人数达到 3281.3 万人,比上年增长 19.5%,服务能力明显提升。

(二)健康保险服务

国务院相继出台了《关于加快发展现代保险服务业的若干意见》和《关于加快发展商业健康保险的若干意见》等文件,同时在"健康中国"整体战略的推进下商业健康保险取得了良好的发展。商业健康保险的保费收入持续增加,根据保监会数据,商业健康保险保费收入 2013—2017 年年均增速达到 39.9%,2017 年全年健康险保费收入达到 4389.46 亿元。

(三)健康养老服务

根据国家统计局发布数据显示,2017 年末,我国 60 周岁及以上人口 24090 万人,占总人口的 17.3%,其中 65 周岁及以上人口 15831 万人,占总人口的 11.4%。根据全国老龄办、民政部、财政部共同发布的第四次中国城乡老年人生活状况抽样调查结果显示,2015 年,城镇老年人口占全国老年人口的 52.0%,农村老年人口占 48.0%,我国失能、半失能老年人大致为 4063 万人,占老年人口的 18.3%。数量日趋庞大的老年人(尤其是失能老人数量的增加)对于健康养老的需求也将日益增加。

从供给看,全国医养结合工作总体发展情况良好。国家卫生计生委联合 12 部门印发《"十三五"健康老龄化规划》,将医养结合作为重要任务推动。坚持试点先行带动,分两批确定 90 个国家级医养结合试点市(区),探索建立符合国情的医养结合服务模式。开展安宁疗护试点工作。国家卫生计生委与工信部、民政部联合制定印发

《智慧健康养老产业发展行动计划（2017—2020 年）》，联合遴选一批示范企业、示范街道、示范基地。在杭州等 6 个城市开展智慧健康养老应用示范项目，推动健康养老服务智慧化升级。相关部门研究出台扶持政策措施，鼓励社会资本进入健康养老领域，多元化健康养老服务格局逐渐形成。

（四）健康旅游服务

2016 年全国共有 45.6 亿人次旅游，旅游消费总计达到 4.66 万亿元，年人均旅游花费 3406 元。携程网《2016 年在线医疗旅游报告》显示，健康医疗已经成为人气最高的主题旅游项目之一，其中海外体检最为热门，占比 50% 以上。2016 年通过携程报名参加海外体检等医疗旅游人数是前一年的 5 倍，人均订单费用超过 5 万元。

经国务院同意，国家卫生计生委会同国家发展改革委等部门联合印发了《关于促进健康旅游发展的指导意见》，鼓励动员有关省市和社会力量建设了 13 个各具特色的健康旅游示范基地。海南省博鳌乐城、三亚市、上海新虹桥等地，推动健康旅游已取得初步成效。

（五）智慧健康服务

一是全民健康信息化顶层设计不断完善。 国家卫生计生委成立全民健康信息化与健康医疗大数据工作领导小组及办公室，印发《关于加快推进人口健康信息化建设的指导意见》和《"十三五"全国人口健康信息化发展规划》，制度机制日趋完善。不断完善行业规范，先后印发《省统筹区域人口健康信息平台应用功能指引》《医院信息平台功能指引》《医院信息化建设应用技术指引》和《委属管医院数据采集范围和接口规范》，陆续发布行业信息标准 209 项。编制健康医疗大数据基础资源目录索引和国家标准化体系，研究制定国家健康医疗大数据管理服务、安全、标准以及"互联网+医疗卫生"等方面的规范性文件,为建立互联互通的全民健康信息化体系奠定基础。

二是信息化惠民便民服务扎实推进。新农合异地就医结算顺利实现,得到国务院领导充分肯定。截至 2017 年底,完成省内异地报销 324 万人次,跨省就医直接结算 5.4 万人次,跨省就医结算资金周转保持在 1 个月以内;全国三级医院全面实现基于电子病历的信息化,积极开展互联网健康咨询、预约就诊、诊间结算、移动支付等,有效缓解"挂号时间长、候诊时间长、取药时间长、就诊时间短"问题;28 个省份发行应用居民健康卡,13 个省份启动电子健康卡建设及惠民便民服务应用,积极发挥保障群众健康的"金钥匙"作用,支撑全生命周期健康服务和跨机构、跨区域、跨业务协同;1.3 万多家医疗机构开展远程医疗服务,如贵州县级以上公立医院已全部接入远程医疗网络,推进基层医疗卫生机构全覆盖,有力促进"重心下移、资源下沉"。

三是互联共享和业务协同推进。全民健康保障信息化工程一期项目(国家卫生计生委本级平台)已启动建设,国家平台实现与省、市、县四级平台互联互通全覆盖,初步建立了全员人口信息、电子健康档案、电子病历三大数据库,加强基础资源信息数据库建设,在加强安全保障和隐私保护基础上,稳步推进共享开放。基本建立公共卫生信息体系,逐步建立了医疗机构、医师、护士注册数据库。全员人口个案数据库覆盖 13.9 亿人口并初步实现流动人口服务管理跨地域业务协同。以电子病历为核心的医院信息化建设快速发展,44家委属管医院已全部联通国家平台。建立国家药品供应保障综合管理信息系统,并与各省(区、市)药品采购平台实现互联互通。以基层卫生信息化和家庭医生签约服务为基础,推进居民电子健康档案和居民电子健康卡的广泛使用,延伸放大医疗卫生机构服务能力。

四是健康医疗大数据应用发展顺利推进。坚持应用带动健康产业整体发展,发展好健康医疗大数据这一国家重要的基础性战略资源。指导成立国家名医联盟委员会,推动组建健康医疗大数据产业联盟,启动国家健康医疗开放大学和慕课联盟筹建工作,探索推动国家健康医疗大数据科创中心建设。启动健康医疗大数据中心及产业园建设国家试点工作。积极探索基于"健康+"和"互联网+"的应用,为居民提供在线健康咨询和健康管理服务,为机构提供在线随访、公共卫生、双向转诊等服务,有效整合健康服务全过程。

(六)健康产品消费

一是先进医疗设备发展应用取得了长足的进步。医疗设备行业是医药工业增长最快的细分领域。2016 年,规模以上医疗设备企业实现主营业务收入 2765 亿元,较五年前增长 77%;实现利润总额318 亿元,较五年前增长 88%。2017 年 1—9 月实现主营业务收入2167 亿元,同比增长 9.24%,全年有望超 3000 亿元。PET/CT、3.0TMR、128 层 CT 等高端医疗设备研发成功,并进入一批高水平医疗机构应用,有效推动了进口产品降价,平均降幅 20%—30%。一些高端医疗设备产品销售增速明显。国产 MR 销量占比从 2013 年的14.5%提高至 2016 年的 29.9%;国产 CT 销量占比从 2013 年的7.5%提高至 2016 年的 37.8%;PET/CT 2016 年国内销量占比达到 4.5%。

二是创新药物品种研发进展顺利。2017 年部分创新药物品种研发已取得较好成绩:由齐鲁制药研制的国产治疗非小细胞肺癌一线靶向药物吉非替尼(伊瑞可)正式上市,作为国内吉非替尼的首仿药品,在一致性评价方面与原研药具有等效性,成功打破了市场垄断格局;青海央宗药业自主研发的"梓醇片"已完成降糖作用的临床前研究,取得国家中药一类药物临床试验批件,实现了青海省国家中药一类新药临床审批零突破。

三是健康和食品融合发展势头良好。落实"大健康"理念,以营养标签、学生餐、营养强化剂使用等标准为切入点,探索在食品标签中综合评价油盐糖含量,逐步实现从"安全"标准到以安全为基础的"营养健康"标准的提升。多措并举推动"三新食品"(新食品原料、食品添加剂新品种、食品相关产品新品种)改革。加强地方特色食品标准建设,指导各地加强对地方特色食品的管理。云南、内蒙古等省份先后研究制定三七花、民族特色乳制品等地方特色食品标准,大力支持发展地方特色食品,推动了食品相关产业健康发展。

三、存在的主要问题

(一)居民健康素养仍待进一步提高

2016 年中国居民健康素养水平为 11.58%(即每 100 人中有 11.58 个人具备基本的健康知识与技能),较 2008 年的 6.48%增长了 5.1 个百分点,较 2015 年的 10.25%提高 1.33 个百分点,继续保持稳定上升态势。从知识、行为和技能来看,2016 年中国居民基本知识和理念素养水平为 24.00%,健康生活方式与行为素养水平为 9.79%,基本技能素养水平为 15.57%。从主要公共卫生问题来看,2016 年中国居民安全与急救素养为 46.00%、科学健康观素养为 36.18%、健康信息素养为 19.13%、传染病防治素养为 16.38%、基本医疗素养为 12.76%和慢性病防治素养为 11.48%,均较 2015 年有不同程度提升。但必须看到,我国居民健康素养水平总体仍然较低,城乡、地区、人群间发展不均衡,人民群众对各类健康问题的认识水平不均衡;健康生活方式与行为素养提升较慢。居民健康素养仍待进一步提高。

（二）健康产品与健康服务的质量有待进一步提升

健康产品和服务供给结构较为单一，先进产品以仿为主、以进口为主的局面尚未改变，总体缺少具有较强引领带动效应的龙头企业，品牌效应不强，科技创新能力和核心竞争力还有待提高。

优质健康产品和服务供给不足。特别是社会办医普遍以中低端医疗服务为主，综合实力和核心竞争力不强，针对健康和亚健康人群的专业性、规范化的健康咨询与管理服务处于起步阶段；商业健康保险仍以经办大病保险为主，健康保险产品较为单一，健康管理服务相关的健康保险产品开发不足，商业保险公司与医疗、体检、护理等机构缺乏合作。

四、促进健康消费的政策建议

促进健康事业与健康产业有机衔接，为人民群众提供全方位全周期健康服务。

（一）坚持和维护基本医疗卫生事业的公益性质

正确处理政府和市场的关系，在基本医疗卫生服务领域政府要履行好服务、保障、管理、监督等职责，深化医药卫生体制改革，全面建立中国特色基本医疗卫生制度、医疗保障制度和优质高效的医疗卫生服务体系，健全现代医院管理制度，为人民提供安全有效方便价廉的公共卫生和基本医疗服务，提高医疗卫生服务质量和水平。明确政府在卫生与健康事业中的主导责任，避免削弱基本医疗卫生服务的公益属性。深化推进"放管服"改革，转变政府职能，调动社会力量的积极性和创造性。

（二）发展健康产业，积极培育健康消费市场

一是不断提高居民健康素养水平，转变"重治疗、轻预防"消费观念。大力开展全民健康素养促进活动。各级卫生计生部门要充分认识全民健康素养促进行动是提高城乡居民健康素质、解决当代公共卫生问题的重要举措，对于深化医药卫生体制改革，提高人民群众的健康水平具有十分重大的意义。同时，要进一步整合社会资源，宣传和普及《中国公民健康素养——基本知识与技能》。大力开展场所健康促进建设，各行各业要结合自己行业特点和优势，打造出一批健康教育基地，成为日常开展健康教育活动的固定阵地。促进全社会对健康的关注，推动全社会全民健康素养水平的提升。

二是着力培育和发展壮大健康产业。一要加强顶层设计和规划引领。明确全国健康产业发展战略目标和总体布局，按照强化供给侧改革的要求，统筹规划健康产业主要领域的产业规模等核心发展指标，引导健康产业科学有序发展，形成统筹规划、优势互补、组团发展的格局。二要健全健康产业分类核算。以《健康服务业分类（试行）》为基础，加快开展全国健康服务业核算，并同步研究建立科学合理的健康产业行业统计体系和核算体系，满足产业相关政策制定和宏观管理、动态监测的需要。三要加快推动重点领域融合发展。支持社会办医，优先支持举办非营利性医疗机构，鼓励发展儿科、精神科、老年护理等薄弱的专科医疗机构，保障同等待遇。继续推进国家级医养结合试点市（区）和智慧健康养老应用示范项目的试点工作，促进健康老龄化。落实促进健康旅游发展的政策，推动建设首批各具特色的健康旅游基地，推广适应不同区域特点的发展模式和典型经验。加快重大药物、诊断试剂、高端诊疗设备等研发，扩大优秀医疗设备产品遴选范围，协同有关部门加快新药优先审评审批等政策措施的落地，推动出台创新药物在招标采购、纳入医保目录等方面

的相关政策。积极推进全民健康信息化工程,完善远程医疗相关政策,扩大健康医疗大数据中心及产业园建设国家试点,充分发挥健康医疗大数据"智慧树""钻石矿"的作用,促进社会效益和经济效益双丰收。

(三)持续深化"放管服"改革,进一步激发健康领域社会投资活力

适应卫生领域新产业、新业态、新模式发展的要求,加快转变监管理念、转变监管体制、创新监管机制,从注重事前审批转向注重事中事后监管,从分散的单项监管转向整合力量、协同监管,从注重行政手段转向运用行政、法律、经济和信息等多种手段,推进综合监管制度建设,积极探索既有必要的"安全阀"和"红线",又能包容创新发展的审慎监管体制机制,促进新动能健康成长。一方面,贯彻落实"放管服"工作要求,完善规范化行政执法机制,在全国范围内全面推行"双随机、一公开"国家监督抽查机制,将医疗卫生行业综合监管纳入城市网格化管理。加大监督执法力度,做好重大案件的调查和督查督办。另一方面,积极推进监督体系和社会信用体系建设工作。建立"全国非法行医黑名单""被吊销医疗机构执业许可证的法人或负责人黑名单""被吊销医师执业证书黑名单""全国号贩子黑名单",加强信用监管,加大对违法行为的联合惩戒力度。

(四)强化创新驱动,深化健康领域供给侧结构性改革

健康产业是链条长、辐射面广、吸纳就业人数多、拉动消费作用大的复合型"朝阳产业",具有推动经济结构转型升级、拉动内需增长的重要作用。但是,发展健康产业不是简单重复的低水平发展,而是要以健康需求为牵引,以创新驱动为核心,发挥好科技的引领作用,聚焦事关产业发展全局的基础研究和共性关键技术,加快突破核

心关键技术,积极探索科技创新与制度创新、管理创新、商业模式创新、业态创新等相结合,使技术、产品、服务(模式)更加对接和契合广大人民日益增长、不断升级、个性化的健康需求,同时,还要加快健康与养老、旅游、互联网、健身休闲等融合发展,推动新动能蓬勃发展与传统动能转型升级,加速健康产品和服务向中高端迈进。

(五)补足要素短板,优化健康产业发展环境

针对标准体系、人力资源、产业规制三大短板,启动我国健康产业相关标准和规范的编制,确立全国统一、与国际接轨的标准和规范体系,保证产品和服务的质量与安全;制定和实施符合国情的健康产业科学技术发展战略和人才发展战略,完善各类专业人才的培养培训制度,逐步健全健康产业复合型经营管理人才、科技研发人才、职业技术人才的规范化培养体制机制;健全准入和退出政策,健全市场竞争规则,健全产业规制机制,以及投融资政策、定价政策、科技和人才政策以及政府购买服务制度等,加强公共服务和市场监管职能。

(国家卫生计生委规划与信息司、

国家发展改革委社会发展司)

第十一章　消费环境建设情况

　　营造便利、安全、放心的消费环境,让消费者敢消费、能消费、愿消费,是保障和改善民生的需要,也是社会的共同责任。2017年以来,各地各有关部门通过激发社会领域投资活力,着力丰富消费供给和消费选择,不断提高消费质量,完善消费品质量监测和标准制定,切实保护消费者合法权益,消费环境得到优化,总体来看,人民群众消费意愿更强了、消费体验更好了。

一、消费短板加快补齐

(一)社会领域投资政策环境得到优化

　　2017年3月,国务院办公厅印发《关于进一步激发社会领域投资活力的意见》(国办发〔2017〕21号),着眼于增加医疗、养老、教育、文化、体育等社会领域产品和服务供给,更好满足多层次多样化服务需求,从放宽行业准入、扩大投融资渠道、落实土地税费政策、促进融合创新、加强监管优化服务五个方面,明确了37条具体政策措施。

　　各地各部门积极细化落实,天津、河北、山西、吉林、福建、河南、重庆、甘肃等地均配套制定了本地促进社会领域投资和消费的政策措施,宁波出台了《关于鼓励和引导民间资本投资社会事业的意见》,形成了引导民间资本进入教育、医疗、养老等领域的"1+X"政策体系。发展改革委先后出台了促进乡村旅游发展提质升级、支持社会力量举办大型群众性体育赛事、家政服务提质扩容等扩消费行动方案,有关部门先后修订《医疗机构管理条例实施细则》,出台了《医师执业注册管理办法》《关于营利性民办学校名称管理有关工作的通知》《关于加快推进养老服务业放管服改革的通知》等。

(二)相关业态融合创新发展

大健康、大文化、大旅游等融合互促,医养结合、健康旅游、文化创意、健身休闲等业态不断壮大。首批 13 家健康旅游示范基地、15家国家中医药健康旅游示范区单位,以及两批共 90 个国家级医养结合试点单位建设全面启动。博鳌乐城国际医疗旅游先行区、北戴河生命健康产业创新示范区、海南国际旅游岛、平潭国际旅游岛、桂林国际旅游胜地、皖南国际文化旅游示范区等发挥示范效应。广东等地推动文化+科技、旅游、制造发展,推动将健康医疗、民办教育、住宿餐饮等结合起来,打通幸福产业链条,提高资本捆绑效率。

(三)社会领域投资活力持续增强

投融资渠道得到拓宽。社会领域产业专项债券发行指引发布,继续支持符合条件的社会领域企业利用主板、中小板、创业板和新三板等上市融资。

积极发挥政府资金引导作用。例如,北京积极协调市财政投入2 亿元,探索设立养老服务产业发展引导基金,并组建了 9 家职教集团。湖南通过省预算内专项、服务业发展引导资金、健康养老产业投资基金等方式,支持非公立医院、健康服务业重点项目建设。

民间资本投资热情高涨。2017 年,全国教育、卫生和社会工作、文化体育和娱乐业三类民间投资分别同比增长 13.2%、25.4%、

13.9%,远高于全国民间固定资产投资 6%的增速。

(四)社会领域消费潜力加速显现

2017 年,居民服务消费比重继续提高,全国居民人均教育文化娱乐、医疗保健、家政支出分别增长 8.9%、11%和 11%,其中人均用于团体旅游、景点门票、健身活动等支出分别增长 14%、10.6%和15.5%。以马拉松为例,2016 年全国马拉松及相关运动赛事达到328 场,覆盖 30 个省份 133 个省市,全年参赛人数近 280 万人次,现场观赛人数超 500 万人次,对体育健身、住宿、餐饮、旅游、交通、商品零售的消费拉动明显。再以家政服务业为例,据测算,国内家政服务市场需求总规模在 2015 年已经突破 1 万亿元,且以每年 30%的速度增长。

二、消费品质量检测和标准体系不断完善

(一)消费品质量不断提升

一是产品合格率有所提升。2017 年,国家监督抽查消费品产品104 种,涵盖 12313 家企业生产的 12545 批次产品,检出 1508 批次产品不合格,不合格产品检出率为 8.4%,从抽查情况看,产品抽查合格率为 91.6%,与 2016 年同期国家监督抽查合格率相比,提高了0.9 个百分点。

二是大、中、小型企业消费品质量水平整体较高。从企业生产规模来看,2017 年抽查的大、中、小型企业数分别占抽查企业总数的10.1%、18.8%和 71.1%,产品抽查合格率分别为 96.7%、93.8%和90.0%。与 2016 年同期相比,大、中型企业抽查合格率分别降低了0.2 和 1.0 个百分点,小型企业抽查合格率提高了 1.7 个百分点。抽

查结果反映出大、中型生产企业产品质量水平持续领先于小型企业。从实施市场准入管理的产品抽查情况看,2017 年抽查了 28 种实施工业产品生产许可证管理的产品,覆盖 5734 家企业的 5835 批次产品,检出 428 批次不合格产品,产品抽查合格率为 92.7%。抽查了 45 种实施 CCC 认证产品,覆盖 3666 家企业的 3685 批次产品,检出 425 批次不合格产品,抽查合格率为 88.5%。

三是中西部地区消费品质量得到较大提升。随着我国实施"一带一路"战略,中部和西部抽查产品质量水平出现了提升,产品抽查合格率分别为 93.0% 和 92.7%,分别高于国家监督抽查全国平均水平 1.5 和 1.2 个百分点,与 2016 年同期相比,抽查合格率分别提高了 1.8 和 0.5 个百分点。

(二)消费品标准体系不断完善

一是标准化管理制度逐步完善。2017 年 11 月 4 日,我国新修订《中华人民共和国标准化法》,对标准的制定、实施和监督管理作了全方位、全过程的规定。法律规定,标准包括国家标准、行业标准、地方标准和团体标准、企业标准。国家标准分为强制性标准、推荐性标准,行业标准、地方标准是推荐性标准。强制性标准必须执行。国家鼓励采用推荐性标准。通过立法建设促进了检测标准制度建设,规范了检测标准体系内容,促进检测标准制度逐步健全。

二是标准公开体系逐步建立。2017 年 3 月,质检总局、国家标准委为落实《深化标准化工作改革方案》有关标准公开的工作要求,组织建设的"国家标准全文公开系统"正式上线运行,为社会各界提供了免费、便捷、可靠的国家标准文本获取渠道。截至 2017 年底,国家标准全文公开系统中公开的现行有效国家标准文本约 2.2 万项,其中强制性国家标准 2037 项,推荐性国家标准 19726 项。推动企业产品和服务标准自我声明公开监督制度在 31 个省、自治区、直辖市全覆盖。截至 2017 年底,累计 13.7 万余家企业上报 56 万项标准,涵盖近 92 万种产品。在消费品领域,已制定相关国家标准 3000 余项,行业标准 4000 余项,主导或参与制定相关国际标准 110 多项,在线公开 2113 项消费品国家标准。

三是稳步推进地方标准发展。截至 2017 年底,共备案地方标准 3.7 万项。2017 年备案地方标准 4897 项,其中制订 4594 项、修订 303 项。浙江省率先开展国家标准化综合改革试点,改革试点第一阶段任务基本完成,取得了初步成效,形成了 12 条可复制、可推广的改革经验。山西、江苏、山东、广东加快推进综合改革试点建设,武汉、沈阳、许昌、如皋、阳朔等市县积极创建标准化改革创新先行区。深圳、杭州、珠海、包头等城市大力开展标准国际化创新型城市建设。

四是标准化国际合作得到深化。2013 年 12 月 2 日在我国签署了《中华人民共和国国家质量监督检验检疫总局中国国家标准化管理委员会与大不列颠及北爱尔兰联合王国商业、创新和技能部授权的国家标准机构英国标准协会标准互认协议》。中英标准互认协议的签署,是我国标准化事业发展的一个里程碑,开启了标准化国际合作新篇章。截至 2017 年 12 月,国家标准委已与 43 个国家和地区签署了 77 份合作文件。

(三)多项举措促进检测标准完善

一是搭建公共检测平台。2014 年,在上海设立了首个"国家公共检验检测服务平台示范区",打造国家级检验检测产业的"自贸区"。之后,在其他各地方均建立了相应的公共检验检测服务平台。如广东省共建成或在建 75 个国家质检中心和 214 个省质检站。海南检验检疫局与洋浦管委会签署建设洋浦检验检测公共技术服务平台合作备忘录,推动建立以检验检疫技术优势为支撑的公共服务平台建设。江苏泰州搭建了"互联网+"检验检测新平台——"泰检易"

检验检测公共服务平台。上海检验检疫局机电中心打造"互联网+检测服务"新模式。

二是提速标准修订进程。先进标准是提升消费品质量的重要引领,2017年国家标准委共下达4批次国家标准制订修订计划,总计立项2042项国家标准制订修订项目,其中修订项目569项。另外,国家标准委还专门针对消费品领域下达了《招标采购代理服务规范》等408项国家标准制订修订计划,消费品领域标准加快更新,体系进一步优化完善。

三是畅通信息共享机制。围绕消费品生产经营企业和消费质量信息需求,通过加强信息平台建设、采用互联网和大数据等手段完善消费者和质检部门的沟通体系,充分保障了消费者的知情权和监督权。以缺陷产品召回信息工作为例,2017年质检总局缺陷产品管理中心共解答消费者咨询8300余件,通过短信、网络等方式向消费者征集产品缺陷线索约14万人次,通过网站及微信公众号等渠道发布召回相关信息近1000条。此外,国务院门户网站服务栏目还设立了"缺陷产品召回查询"和"缺陷信息报告"等服务项目,让消费者在消费品质量方面更有获得感。

四是建立质量失信"黑名单"。2016年5月30日,国务院发布了《国务院关于建立完善守信联合激励和失信联合惩戒制度加快推进社会诚信建设的指导意见》(国发〔2016〕33号),提出健全约束和惩戒失信行为机制,对重点领域和严重失信行为进行联合惩戒,规范信用红黑名单制度,建立健全退出机制,在保证独立、公正、客观的前提下,鼓励有关单位和部门将"红名单"和"黑名单"信息提供给政府参考使用。2017年成立了全国社会信用标准化技术委员会质量信用分技术委员会,发布了《企业质量信用等级划分通则》等9项国家标准。在质量信用信息化建设方面,先后建立了"全国企业质量信用档案数据库"和"产品质量信用信息平台",全国质监部门已归集

200多万家企业的质量信用记录和6000余万种规格产品的质量信用基础信息。同时,质检总局在官方网站设立"企业质量信用记录"专栏,集中发布企业基础信息、企业自我声明信息、监管信息、行政许可信息等,质量信用信息化建设不断完善。

三、内外销产品"同线同标同质"
工程加快推进

(一)高质消费品需求倒逼工程实施

在改革开放政策的指引下,我国的食品产业取得快速发展。成千上万的食品企业,通过国际经济贸易合作,引进先进生产设备和科学管理经验,建立了一大批外向型的现代化食品加工厂。这些以加工出口为导向的食品企业,严格按照国际食品安全和质量标准从事各类食品加工出口,赢得了世界各国消费者的好评。我国也因此建立了较为完善的保障出口食品安全的监督管理体系,目前在国家出入境检验检疫部门备案的出口食品、农产品生产加工企业已有近两万家,出口食品的合格率常年保持在99.9%以上。

2014年,李克强总理在视察质检工作时提出,要积极促进出口企业内外销产品在同一生产线、按相同的标准生产,达到相同的质量水平,即"同线同标同质",解决广大人民群众反映强烈的出口、内销产品存在差别甚至歧视的问题,促进境外消费回流。从2016年起,质检总局正式实施出口食品企业内外销"同线同标同质"工程。2017年《政府工作报告》进一步要求"要增加高品质产品消费,引导企业增品种、提品质、创品牌,扩大内外销'同线同标同质'实施范围,更好满足消费升级需求"。

（二）工程实施促进供给侧质量革命

"同线同标同质"实质上是供给侧的一场质量革命,它能够带来三方面的效果:

一是从消费者的角度,有利于改善我国消费者的生活品质,满足国内中高端需求。消费者不出国门,就可以买到与国际市场同样优质、价格更加低廉的产品。

二是从企业的角度,有利于国内企业提升产品和服务质量,同时拓展更大的市场空间,降低企业成本。过去,企业要按不同的标准生产国内外两个不同市场的产品,实际上增加了企业的成本和经营难度。一旦国际市场发生变化,外销产品就会陷入困境。

三是从国家的角度,能够带动国内相关产业加快提质升级,引导消费回流,优化供需结构。同时,还可以推动国内国际市场的深度融合,促进更高水平的全方位开放。

（三）多种途径促进工程快速推进

出口食品、农产品生产企业符合以下三个条件,可证明符合"同线同标同质"的要求:一是具有出口食品企业备案(或出口种养殖基地/果园的备案/注册)资格,且有实际的出口业绩;二是企业自我声明按"同线同标同质"生产;三是出口食品生产企业获得危害分析与关键控制点(HACCP)认证,出口农产品种养殖基地/果园获得良好农业规范(GAP)认证,认证要求涵盖企业目标市场的技术法规和标准以及企业自我声明的要求。目前,该项工程进展顺利,推动我国境内销售的食品质量进一步提升,群众消费更加放心了。

一是开展逐一帮扶行动。 2017 年,全面实施出口食品企业"逐一帮扶"行动计划、"一厂一策""一地一策""逐一帮扶",全国 35 个直属出入境检验检疫局按照行动计划,成立 739 个工作组,逐一征求

12496 家出口食品企业的帮扶需求，为 12775 家"三同"企业和认证机构提供技术培训 498 场次，参训企业、认证机构、监管部门人员累计 33876 人次，并将 1746 家企业作为重点帮扶对象，实现精准帮扶。

二是搭建公共服务平台。以出口食品生产企业内外销"同线同标同质"信息公共服务平台，向社会免费统一发布"三同"信息。截至 2017 年 12 月初，已有 2500 余家出口食品农产品企业 9000 余种产品实现内外销"三同"，"三同"产品内销额累计达 1098 亿元。

三是提升认证支撑能力。落实简政放权改革，积极推行出口食品企业备案核准办理采信认证。2016 年 5 月至 2017 年底，备案办理采信 HACCP 等认证 1342 例，采信企业自我声明 1322 例，采信率 26.5%，备案平均办理时间 17 日，比改革前缩短 56%，比行政许可规定缩短 66%。内外销"三同"企业认定条件采信认证，加工企业认定采信 HACCP 认证，种养殖农产品企业认定采信 GAP 认证，两类企业总数目前达到 2175 家。

四是促进产销对接贸易。推动商企对接，发动"全球食品安全倡议"（GFSI）组织商超、零售、餐饮等 100 余家企业，采信"三同"信息公共服务平台信息，优先选择"三同"企业作为供应商。目前已有三同产品销售的电商共有 62 家，并促成阿里巴巴等多家电商平台积极与认监委信息中心签署"云桥"数据互换协议，开设销售专区，多渠道增加消费者获得感。

五是提高公众知晓度。"三同"工程推进至今，央视、新华网等国家级媒体宣传报道"三同"工程 200 余次，其中新华网开通"三同"专栏，发布原创报道 25 篇，转载报道 390 次，地方媒体报道 500 余次，各相关方制作发布微信消息超过 1000 条。百度关键词"同线同标同质""三同食品"等搜索结果累计达 210 万条。"三同"已成为舆论关注热点，得到了各级政府和社会各界的积极响应。

此外，其他消费品"三同"工程也积极推进。推动智能马桶专项提质升级，组织30家企业共同签署"同线同标同质承诺书"；在出口宠物食品行业推行实施"三同"工程，印发《出口宠物食品企业"同线同标同质"工程实施方案》，对出口宠物食品企业开展摸底调查、首批"三同"企业认定及上线、非上线企业帮扶、"三同"示范企业及品牌评定等工作，首批三同企业将于2018年3月份正式上线。

（四）工程在多个领域取得积极成效

各类消费品产业推动"三同"工程百花齐放。广东、山东、江苏、厦门、湖南检验检疫局在各自辖区出口工业产品质量安全示范区的基础上，积极开展消费品"三同"工程的探索，分别指导广东东莞出口玩具、出口婴童用品质量安全示范区、顺德出口家电质量安全示范区、山东东营出口轮胎质量安全示范区、江苏常州出口木地板质量安全示范区、常熟出口羽绒服装质量安全示范区、厦门出口健身器材质量安全示范区、湖南醴陵出口日用陶瓷质量安全示范区内相关企业积极实施相关产品的"三同"。目前广东、江苏、宁波等地相继发布了一批"三同"企业。2016年筛选上线江苏省"三同"平台的消费品企业有12家，共涉及服装纺织、家用电器、建筑材料等消费者关注行业的55种产品，当年实现"三同"产品一次检测合格率上升10%，内销增幅26.8%。

智能马桶产业实现提质增效。智能马桶生产企业内外销产品、线上线下产品均出自同一生产线，采用等同于甚至严于外资品牌的质量标准生产验收零配件、整机产品，部分新型产品在工业结构、电气结构和产品性能等方面与国际高端品牌产品不相上下。由相关检验机构及龙头企业共同参与起草的国家标准GB/T34549—2017《卫生洁具智能坐便器》成功发布。

四、构建和谐健康消费环境面临的问题

（一）消费品质量保障体系不健全

一是相关制度有待健全。如目前关于产品召回制度、消费质量安全风险预警体系和快速反应监管体系、与消费品相关的社会救济制度等均需要进一步完善建设，还缺乏对消费品质量安全监控理论和体系的系统研究，在统一的框架下缺乏相应的管理、组织和体系，缺少对消费品质量安全风险信息获取、危害识别、风险评估和控制的系统性研究。

二是相应技术有待进一步提升。如消费品质量安全风险快速预警系统、"网上抽查、源头追溯、属地查处"的电子商务产品质量监测和信息共享平台建设还需进一步加快，质量监管同互联网等新技术和新模式的结合还需进一步紧密，检验检疫检测技术保障体系需要进一步完善。

三是相关工程还需加大力度。如"三同"概念需要进一步进工厂、进社区、进校园、进乡镇，做到进一步深入人心。消费品质量提升工程需要进一步落实等。

（二）产业结构与消费发展不协调

消费品结构有待升级。我国消费品在技术结构、产品结构、产业结构、发展模式等方面还面临诸多困难，这些将成为未来我国消费品工业供给侧结构性改革发力的重点。在需求方面，日益增长和多样化的消费需求给消费品供应结构改善带来压力。我国消费品供给在产品品种、品质和品牌方面与发达国家存在差距，不能全部满足居民消费结构向中高端升级的需要。

传统产业占比大、新兴产业发展缓慢。消费品工业基础性、民生性的特点,决定了其涉及的行业门类众多,但大多集中于易受外部环境影响和冲击的劳动密集型和原料密集型等物耗较高的传统产业,新型纺织材料、产业用纺织品、新资源食品、生物医药、高性能诊疗设备等技术密集型产业的地位不明晰。

(三)中高端产品与服务供给不足

目前我国消费模式和消费结构均已发生较大变化,从追求数量向追求品牌和质量过渡。日益增长和多样化的消费需求给消费品供应结构改善带来压力。但我国消费品工业仍处在"制造大国、品牌小国"的发展阶段,存在原创品牌企业少、贴牌加工企业多,同质化产品多、独创特色产品少,中低端产品多、中高端产品少的"三多三少"现象。国际知名品牌缺乏,品牌拥有的自主核心技术少,产品的质量、竞争力、标准以及品牌价值等与欧美日等发达国家和地区产品存在很大差距,自主品牌缺失已成为我国消费品工业企业提升全球化竞争力的最大障碍。

五、进一步优化消费环境
增加产品和服务供给

(一)不断完善消费品质量检测保障体系,加强市场监管力度

一是加强消费品质量保障立法建设。完善消费品质量安全法律法规,加快推进标准化法修订以及消费品安全法、质量促进法等立法工作。围绕《装备制造业标准化和质量提升规划》《消费品标准和质量提升规划(2016—2020年)》,进一步完善消费品质量安全法律法规,加速消费品安全法、质量促进法等立法工作,加强消

费品质量保障的顶层设计,做到对消费品质量保障有法可依,执法必严。

二是构建完善的跟踪反馈评估体系。加强对检测结果的跟踪和使用,以督促企业及时改正问题,促使产品质量的提升。检测反馈的重点在于充分发挥评估结果的正向促进作用,加强检测结果反馈和改进跟踪机制建设,逐步形成"设立标准——实施过程——监测结果——正向反馈"的良性循环机制。

三是完善救济制度。畅通消费者申诉举报渠道,完善12365投诉举报热线政策咨询、消费维权、纠纷调解等功能,加强和规范消费品质量仲裁检验和质量鉴定工作,发挥质检系统技术优势,为处置质量纠纷、维护消费者权益提供科学、权威的技术支撑。探索消费品质量安全责任保险制度,完善社会救助机制。

四是加强财税政策扶持。鼓励社会资本以市场化方式设立消费品标准和质量提升专项资金,重点支持消费品领域的标准化建设、质量基础能力提升、质量创新和应用推广,引导社会资源向质量品牌优势企业聚集。实施结构性减税,落实研发费用加计扣除政策和股权激励税收政策。探索建立标准创新融资增信制度,完善对企业标准创新和参与制定国际标准的激励机制,推动企业积极参加国际标准化活动。对消费品标准和质量提升示范区、技术标准创新基地,比照高新技术产业园区,享受出口贸易便利等政策优惠。在政府采购、招投标活动中,纳入有关标准技术条件和质量安全要求。

(二)引导鼓励多元化消费方式,大力发展服务业消费品

一是鼓励多元化的消费方式。培养多元的消费模式,扩大信息消费、远程定制、体验分享等消费新模式,推动共享单车等新消费业态的发展,推动互联网和消费的融合发展。加大对养老家政健康消费、信息和网络消费、重点新型消费领域的金融支持力度,加快推进

消费支付模式、信贷管理模式和产品创新,鼓励相关机构探索运用互联网等技术手段开展远程客户授权,实现消费贷款线上申请、审批和放贷。大力发展专利权质押融资,支持可穿戴设备、智能家居等智能终端技术研发和推广。

二是大力发展服务消费。首先,扩大服务供给。鼓励各类市场主体创新服务业态和商业模式,优化服务供给、开发新型服务。鼓励互联网、大数据、云计算等与服务消费结合,改进服务消费流程。鼓励发展教育、医疗、文化、旅游、养老、体育等领域的服务产品和模式的创新。促进社区服务消费的供给,鼓励配送站点、服务站点等进入社区便民。其次,激发服务消费需求。深度开发人民群众从衣食住行到身心健康、从出生到终老各个阶段各个环节的生活性服务。进一步拓展网络消费领域,加快线上线下融合,培育新型服务消费。深度挖掘我国传统文化、民俗风情和区域特色的发展潜力,促进生活性服务"走出去",开拓国际市场。再次,提升服务质量水平。营造全社会重视服务质量的良好氛围,打造"中国服务"品牌。优化质量发展环境,完善服务质量治理体系和顾客满意度测评体系。

(三)加快产品供给侧结构性改革,鼓励中高端产品创新

一是实施消费品质量提升工程。对重点消费品开展重点性能指标比对抽查,突出消费者普遍关心的空气净化器、电饭煲、智能手机、儿童玩具等重点产品,不断提高国内消费品供给质量,引导海外消费回流。在婴童用品、家电等领域实施覆盖产品全生命周期的质量管理、质量自我声明和质量追溯制度。运用大数据等现代信息技术手段,定期分析重点地区质量状况,开展重点地区产品质量提升行动,围绕地方支柱产业和产业集聚区实施一批质量提升示范工程。推动中国标准与国外先进标准全面接轨,促进内外销产品"同线同标

同质"。

二是加强消费品质量安全风险管理。 在消费品质量监管领域引入风险管理的理念、方法和手段,日益成为世界各国的通行做法。具体是要建立全国消费品质量监督信息化服务平台,在社区、乡镇和学校建设一批消费品质量安全风险信息监测点,构建全国统一的消费品质量安全风险监测网络和风险快速预警系统。建立消费品质量风险监测制度、消费品质量安全风险评估制度。

三是强化电子商务产品质量安全监管。 帮扶电子商务生产企业提升质量保障能力,助力电子商务经营企业建立质量管理体系,促进电子商务产品质量提升。研究制定电子商务产品质量监督管理办法,完善风险监测、网上抽查、源头追溯、属地查处、信用管理的电子商务产品质量监督制度。引入推广互联网"过滤"技术,构建网络销售产品的质量安全"防火墙"。

四是大力推进消费品供给侧改革。 加快实施"三品"战略和"三同"工程,促进消费品工业供给侧改革,丰富"品种"。密切跟踪国内外多元化消费需求,加大新产品研发力度,丰富产品种类。轻工行业重点开展精品制造,研发生产智能化产品。纺织行业重点开发生产功能性面料、智能化服装、新型家纺产品。加快研发生产绿色食品、有机食品、新资源食品、营养强化食品,培育和推动食品农产品高端品质认证。医药行业重点研发生产肿瘤、心脑血管疾病等重大疾病治疗新药以及大型医疗设备、新型植入介入制品等。提高"品质"。全面推进质量安全可追溯。强化质量安全与诚信体系建设。强化企业质量主体责任与质量安全意识,积极引导和支持企业完善企业内部质量控制。积极引导和支持企业开展诚信体系建设和诚信对标达标活动,探索建立"违规食品企业黑名单"制度,健全产品召回、退市及应急处理制度。建设"品牌"。制定重点消费品行业品牌发展规划,建立品牌管理体系,提升品牌运营管理水平。持续开展工业企业品牌培育试点工作,打造一批特色鲜明、竞争力强、市场信誉好的企业品牌或区域品牌。建设一批专业的品牌运营服务机构,开展自主品牌评价工作。

(国家发展改革委社会发展司、
国家质检总局认监委注册管理部)

第十二章　近年消费政策落实情况大数据分析报告

通过对 2015—2017 年出台的消费政策落实情况分析发现,约八成媒体和网民对消费政策持积极评价,认为有助于把握消费升级大趋势,激活经济增长内生动力;从地域看,天津、新疆、重庆等地消费政策受到网民点赞。从成效看,各类消费指数走势向好,政策落实成效明显:一是网民对消费环境满意度不断提升;二是消费升级趋势更加明朗;三是线上消费活跃,需求呈多样化、品质化发展。也有专家和网民指出,目前消费领域仍存在信息基础设施落后、旅游产品结构不合理、高端消费外流、绿色产品市场鱼龙混杂等问题,并提出了针对性的建议。

本报告基础数据主要包括四个方面:一是 2017 年全国 12358 价格监管平台上主要消费领域价格问题受理数据约 72 万条;二是由国家发展改革委互联网大数据分析中心采集的 2017 年互联网主要渠道中与消费政策话题直接相关的数据约 1.3 亿条;三是 2016 年 1 月至 2017 年 12 月京东小类商品前十大交易商品每月的电商交易数据 48.3 万条,以及 1800 类小类商品清单数据;四是 2017 年移动端购物 APP 的月活跃用户量、日均打开时长数据约 41.2 亿条。

一、各项消费政策陆续出台，
舆论普遍给予"好评"

（一）各类促消费政策陆续出台

据不完全统计，为进一步推动消费结构转型升级，发挥消费拉动经济作用，2015年以来，国家共出台三大类促消费政策：一是综合性政策，包括《国务院办公厅关于进一步扩大旅游文化体育健身养老教育培训等领域消费的意见》（国办发〔2016〕85号）《关于促进消费带动转型升级行动方案》（发改综合〔2016〕832号）等；二是重点领域促消费政策，如《国务院关于进一步扩大和升级信息消费持续释放内需潜力的指导意见》（国发〔2017〕40号）《关于促进绿色消费的指导意见》（发改环资〔2016〕353号）等涵盖信息消费、绿色消费、旅游消费、体育消费等重点领域；三是完善消费环境的政策，如《关于开展消费品工业"三品"专项行动营造良好市场环境的若干意见》（国办发〔2016〕40号）《关于加快发展冷链物流保障食品安全促进消费升级的意见》（国办发〔2017〕29号）等。

（二）约八成舆论对消费政策给予"好评"

近年来，在提升消费品品质、改善消费环境、扶持新消费以及引导境外消费回流等方面，各级各部门打出全方位、多角度的系列政策"组合拳"。总体来看，约八成媒体和网民积极评价（见图12-1），认为这些政策的落地有助于进一步促进消费升级，激活经济增长内生动力，尤其是"十大扩消费行动"等政策措施的落地实施，推动今年消费市场迅猛发展，呈现出总量扩张、结构升级的态势。但也有部分网民指出，消费政策落实过程中还存在政策宣传不深入、资金监管不严格、贯彻落实有偏差等问题。

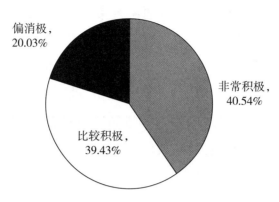

图 12-1　网民对消费政策的总体评价情况

对 2015 年以来出台的各项消费类政策文件分析发现,网民高度赞扬加强新消费引领作用、促进消费升级的相关举措(见表12-1)。

表 12-1　网民评价排名前十的促消费政策

排名	政策名称	满意度
1	关于积极发挥新消费引领作用加快培育形成新供给新动力的指导意见	93.40
2	关于进一步扩大和升级信息消费持续释放内需潜力的指导意见	92.38
3	关于进一步扩大旅游文化体育健康养老教育培训等领域消费的意见	90.24
4	关于促进消费带动转型升级的行动方案	87.42
5	促进乡村旅游发展提质升级行动方案(2017 年)	82.65
6	关于加快发展生活性服务业促进消费结构升级的指导意见	81.91
7	关于促进绿色消费的指导意见	79.83
8	关于加快发展冷链物流保障食品安全促进消费升级的意见	76.95
9	关于进一步促进旅游投资和消费的若干意见	74.41
10	关于开展加快内贸流通创新推动供给侧结构性改革扩大消费专项行动的意见	74.02

其中:

《关于积极发挥新消费引领作用加快培育形成新供给新动力的指导意见》（国发〔2015〕66号）的满意度为**93.40**，位列第一。网民指出，该政策以新消费为牵引，催生新技术、新产业，使中国制造不仅能够适应市场、满足基本消费需求，还能引导市场、促进新消费，加快形成消费引领投资、激励创新、繁荣经济、改善民生的良性循环机制。该政策的相关措施中，加快推进重点领域制度创新和全面改善优化消费环境最受网民关注，关注占比分别达43.35%和43%（见图12-2）。

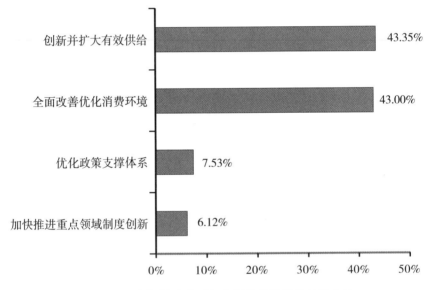

图 12-2　发挥新消费引领作用具体举措的关注占比

《关于进一步扩大和升级信息消费持续释放内需潜力的指导意见》（国发〔2017〕40号）的满意度为**92.38**。网民指出，该政策从供给侧发力，以满足多层次多样化消费需求为出发点，着力"补短板、提质量、促创新、优环境"，能够迅速形成适应信息消费新需求的有效供给。该政策的相关措施中，优化信息消费发展环境最受网民关注，关注占比达42.87%。提供信息消费供给水平网民关注占比为35.19%，位列第二，尤其是鼓励企业发展面向定制化应用场景的智能家居"产品+服务"模式,推动智能网联汽车与智能交通示范区建设等举措较受网民关注(见图12-3)。

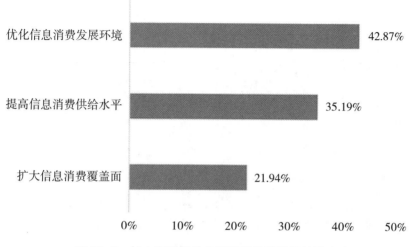

图 12-3　扩大和升级信息消费具体举措的关注占比

《关于进一步扩大旅游文化体育健康养老教育培训等领域消费的意见》(国办发〔2016〕85 号)的满意度为 90.24。该文件将旅游、文化、体育等元素交织在一起,对"跨界"提出了更高要求,为体育旅游等新兴领域提供了广阔的发展空间,受到网民积极点赞。

《关于促进消费带动转型升级的行动方案》(发改综合〔2016〕832 号)的满意度也较高,为 87.42。网民表示,该文件拉开了新一轮促进消费新政的大幕,消费对经济拉动的基础性作用也进一步凸显。

(三)网民对天津、新疆、重庆出台的政策满意度位居前列

基于互联网对全国各省市消费政策的讨论情况,发现网民对天津、新疆、重庆等地出台的促消费政策评价最为积极(见图12-4)。

天津市大力促进信息及文化消费,满意度为 91.84。 信息消费方面,制定《天津市进一步扩大和升级信息消费实施方案》,以生活类信息消费、公共服务类信息消费、行业类信息消费、新型信息产

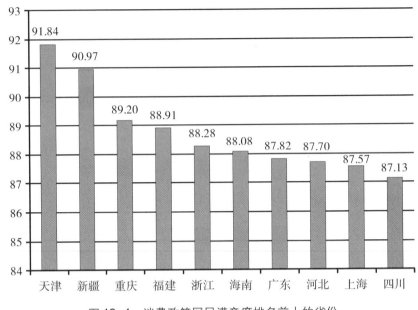

图 12-4　消费政策网民满意度排名前十的省份

品消费为重点领域,增强信息消费有效供给。文化创意产业方面,制定《关于推动文化文物单位文化创意产品开发的实施意见》,到2020年,力争在全市文化创意产品开发领域培育一批市场主体、集聚一批专业人才、塑造一批独具天津特色的品牌产品,建成形式多样、富有创意的文化创意产品开发体系的做法得到网民一致好评。

新疆消费政策网民满意度为 90.97。信息消费方面,新疆推动移动互联网、物联网、云计算、大数据等新一代信息技术融合发展,加大提供适应消费者需求的信息产品,推动信息消费增长 15%以上。同时,深入实施"宽带新疆""光网新疆"工程,持续建设乌鲁木齐连接亚欧非的国际通信、信息传输光缆大通道等举措得到网民的高度评价。旅游消费方面,实施全疆旅游服务诚信年行动,开展市场整治"暑期整顿"等专项行动,约谈涉嫌经营"不合理低价游"旅行社等保障消费者权益的做法获得网民点赞。

重庆市消费政策网民满意度为 89.20。家政服务业方面,举办 2017 年重庆市家庭服务业"十佳百优"宣传推荐活动,网民表示通过鼓励和宣传为家政服务业作出突出贡献的机构和个人,有助于树立行业典范,发挥行业带头作用。旅游消费方面,重庆市通过强化旅游宣传推广、加大旅游市场营销力度、积极营造文明旅游氛围等举措强化旅游宣传营销,做大游客消费总量。如加大"山水之都·美丽重庆"品牌宣传,重点做好"1+4+10"旅游品牌体系宣传推广;大力拓展新加坡等东南亚客源市场,进一步深化与港澳台旅游合作;开通入渝游客文明旅游公益短信提醒。

二、各类消费指数走势向好,政策落实成效明显

(一)消费环境满意度不断提升

在集成分析 12358 价格监管平台上主要消费领域投诉、举报数据以及微博、论坛等社交媒体平台上网民对消费环境评论倾向的基础上,形成了表征网民对消费环境评价水平的消费满意度指数。该指数处于 0 到 1 之间,数值越高,表明网民对消费环境的评价越积极。数据显示,2017 年我国消费环境满意度指数整体呈稳步上升态势,由 1 月份的 0.75 升至 12 月份的 0.8 左右(见图 12-5),表明在各项促进消费政策的推动,以及各级市场监管部门的合力下,我国消费环境不断优化。

(二)消费升级趋势更加明朗

通过监控样本商品销量、价格等变化,形成了表征我国消费升级程度的消费升级指数,该指数越高反映我国消费升级程度越高。具

图 12-5　2017 年以来消费满意度指数走势

体测算方法如下:按照固定篮子指数①框架,选取 1800 种小类商品的前十大交易商品每月的交易数据,按每类商品的单价将消费品分为低端、中端、高端三种;统计低、中、高三类商品上月销量占比与本月销量占比变化情况,指数越高说明我国消费升级程度越高。

　　数据显示,近年来我国消费升级态势更加明显,2017 年 8—10月有小幅回落,整体保持稳步增长态势(见图 12-6)。其中,受到双十一购物节的刺激,实物消费升级指数在 11 月达到最大值,12 月略有回调,表明我国消费升级已经迈上新台阶,升级步伐保持稳健。

　　从消费分类来看(见图 12-7),衣着类消费升级异军突起,从2017 年 1 月开始消费升级指数赶超其他消费类别,持续居于首位,消费升级速度最快。此外,随着生活质量的提高,带动居民在教育文化和娱乐、生活用品及服务类的消费升级稳步上升。居住类消费升级指数受季节因素影响,指数波动较大。医疗保健类和食品烟酒类指数波动较小,消费升级不明显。

---

　　①　固定篮子指数也称为产品费用指数,其测度思路是选择 1 个具有代表性的产品篮子,考察在不同的时点和不同价格结构下,购买该产品篮子的费用变化程度。

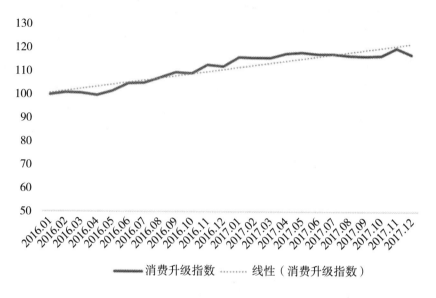

图 12-6 2016 年以来我国消费升级指数变化趋势

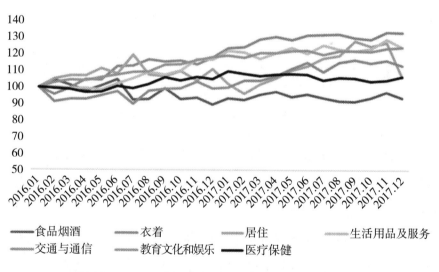

图 12-7 2016 年以来各行业消费升级指数变化趋势

（三）线上消费新需求呈多样化、品质化发展趋势

通过对手机淘宝、京东、唯品会、天猫、咸鱼、蘑菇街等主流移动

购物类 APP 使用情况进行分析发现,线上消费呈现三个特点:

一是线上消费需求稳步增长。2017 年以来,移动购物类 APP 月活跃用户量总体呈平稳上升趋势(见图 12-8),12 月份达 37248 万,较年初上升 19.72%;11 月份因网络促销活动影响相对偏高。线上消费的发展对推动消费和促进消费的升级起到了重要作用,实际上也是十大扩消费行动的重要组成部分。

（单位：百万）

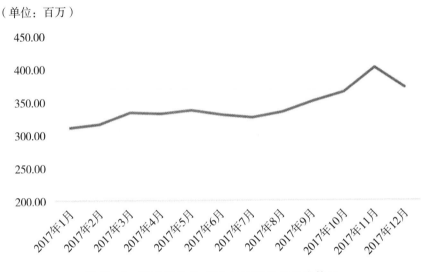

图 12-8　移动购物类 APP 月活跃用户量走势图

二是消费需求走向多样化。用户活跃度较高的移动购物类 APP 涵盖生鲜电商、综合电商、特卖电商、二手电商、女性电商、母婴电商、众筹电商等十多种领域。

三是消费者越发重视品质消费。海鲜类、鲜花类等高层次、高质量的生鲜电商日益受到消费者的欢迎,相关 APP 的月活跃用户量呈现稳步增长趋势,相比之下,特卖电商、比价电商等利用价格优惠吸引用户的电商 APP 虽然吸引大批消费者使用,月活跃用户量也较高,但用户黏性较低,月活跃用户量下降趋势明显,表明消费者对价格的重视程度逐渐降低,越来越看重商品品质、服务品质和消费体

验。(见图 12-9)

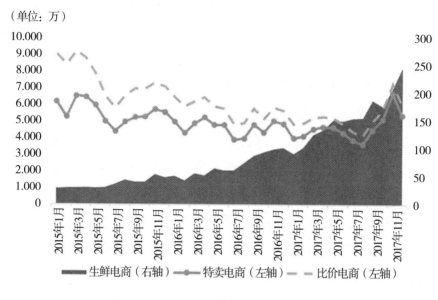

（单位：万）

图 12-9　生鲜电商等购物 APP 的月活跃用户量走势

三、目前推进消费转型升级
面临的四个问题

　　第一,信息消费的基础环境尚需优化。一是泛在先进的信息基础设施体系尚未建立,多网络融合发展仍在推动中,海陆空天一体化的信息基础设施格局还未形成。信息基础设施普及率全球排名不高,尤其是农村地区基础设施薄弱。二是我国数字内容产业发展相对滞后。由于文化产品全面数字化、产品终端载体无处不在,电子书、电影、动漫、音乐、电视剧和游戏等新兴屏幕文化产品面临供不应求的现状,尤其是精品内容的数量增长跟不上信息消费需求的扩张。

　　第二,旅游消费产品结构不够合理。一是旅游产品结构过于单一,市场狭窄,容量受到拘束。尤其是传统观光旅游产品占据主导地位,康体娱乐、会展论坛、教育休闲等特色产品所占规模较小,造成旅游产品构成比例失衡。二是我国旅游产业的开发一直聚焦在旅游产品上,旅游资源、旅游业态、旅游市场是研究的核心,对旅游基础设施与服务设施的建设关注不够,造成了多地旅游设施建设的缺失。

第三,高端消费外流现象较为严重。一是供给性外流。居民消费需求正在升级,但满足高端消费需求的国内商品供给不足,导致消费者纷纷选择国外商品。二是购买力外流。中国内地高端消费品价格居高不下,与他国形成的巨大价差驱使消费者境外消费,使得购买力外流。

第四,绿色消费亟待引导和规范。一是绿色消费模式作为一种全新的可持续消费,要求消费者具有较高的环保意识、生态意识和责任感。目前,我国消费者对绿色消费的认知还处在较低阶段,消费者缺乏绿色消费的概念,从行为和意识上对绿色消费的认识存在严重不足。二是绿色产品市场鱼龙混杂。一些不良企业和商家看准消费者对绿色产品的需求和信赖,在产品宣传中假冒绿色产品,谎报绿色指标,使消费者对绿色产品失去信心。

四、进一步完善促进消费政策的建议

为优化消费环境,释放居民消费潜力,刺激境外消费回流,专家和网民提出一系列政策建议。

第一,丰富信息消费内容,加快构建新一代国家信息基础设施。一是丰富信息消费内容。大力发展数字出版、互动新媒体、移动多媒体等新兴文化产业,促进动漫游戏、数字音乐、网络艺术品等数字文化内容的消费。二是打造网络基础支撑新优势,深入实施"宽带中国"战略和提速降费指导意见,加快构建高速宽带、天地一体、泛在智能、安全可控的新一代国家信息基础设施,为经济社会数字化、网络化、智能化发展提供坚实的网络基础。三是推进农村及偏远地区网络建设。面向贫困地区推出多样化的宽带网络应用普及,推动优质公共资源逐步向乡村延伸,促进城乡基本公共服务均等化。

第二,打造新型旅游产品,加强旅游景点基础设施建设。一是针对不同消费群体、消费阶层、消费需求,科学规划建设休闲度假旅游消费品种,推出乡村、海洋、邮轮等新型旅游产品,加速推进旅游消费由观光向休闲度假旅游的全面转型。二是按照"谁建设、谁管理、谁受益"的原则,加强重点旅游景点基础设施建设,构建机场、公路、酒店以及电信、加油、网络等配套设施的系统性、便捷型体系,完善旅游业发展"硬环境"。

第三,多措并举,鼓励境外消费回流。一是提升"中国制造"水平,走精品发展路线,打造以品牌为核心、市场为导向的商业模式,使"中国制造""中国品牌"真正受到国内高端消费者的认可。二是降低国内外同质商品差价,在减少进口税费、降低物流成本的同时,积极与相关跨国公司协商,争取中国制造国际品牌产品在本土设立直营店,就地生产、就地销售,实现价格逐步趋同。

第四,培育绿色消费理念,完善有关绿色消费的法律法规。一是培育绿色消费理念。为使消费者全面理解绿色消费概念,政府应在全国范围内发动大规模的宣传活动,向广大居民普及绿色消费的内涵及意义。同时,向消费者提供有关绿色产品的购买和使用知识,提高其对绿色产品的辨识能力。二是规范绿色产品市场。在大力推广绿色产品的同时,严格检测监督市场上的绿色产品。此外,建立专门的绿色专卖店,大型超市的绿色专区等特殊营销渠道,为消费者提供购买绿色产品的渠道。

(国家信息中心大数据发展部)

附录一　近两年来国务院及相关部门出台的促进消费政策汇总

	文件名称	印发日期
一、促消费综合性政策		
1	国务院办公厅关于进一步扩大旅游文化体育健康养老教育培训等领域消费的意见（国办发〔2016〕85号）	2016年11月20日
2	国务院办公厅关于进一步激发社会领域投资活力的意见（国办发〔2017〕21号）	2017年3月7日
3	关于印发促进消费带动转型升级行动方案的通知（发改综合〔2016〕832号）	2016年4月15日
二、信息消费方面		
4	国务院关于进一步扩大和升级信息消费持续释放内需潜力的指导意见（国发〔2017〕40号）	2017年8月13日
三、绿色产品消费方面		
5	国务院办公厅关于建立统一的绿色产品标准、认证、标识体系的意见（国办发〔2016〕86号）	2016年11月22日
6	关于促进绿色消费的指导意见的通知（发改环资〔2016〕353号）	2016年2月17日
四、旅游消费方面		
7	国务院关于印发"十三五"旅游业发展规划的通知（国发〔2016〕70号）	2016年12月7日
8	国务院办公厅关于加强旅游市场综合监管的通知（国办发〔2016〕5号）	2016年2月4日
9	关于促进自驾车旅居车旅游发展的若干意见（旅发〔2016〕148号）	2016年11月7日
10	关于大力发展体育旅游的指导意见（旅发〔2016〕172号）	2016年12月22日
11	关于印发《促进乡村旅游发展提质升级行动方案（2017年）》的通知（发改社会〔2017〕1292号）	2017年7月11日

	文件名称	印发日期
五、体育消费方面		
12	国务院关于印发全民健身计划（2016—2020 年）的通知（国发〔2016〕37 号）	2016 年 6 月 15 日
13	国务院办公厅关于加快发展健身休闲产业的指导意见（国办发〔2016〕77 号）	2016 年 10 月 25 日
14	国务院办公厅关于促进通用航空业发展的指导意见（国办发〔2016〕38 号）	2016 年 5 月 13 日
15	关于印发《支持社会力量举办马拉松、自行车等大型群众性体育赛事行动方案（2017 年）》的通知（发改社会〔2017〕1294 号）	2017 年 7 月 10 日
六、文化消费方面		
16	国务院办公厅转发文化部等部门关于推动文化文物单位文化创意产品开发若干意见的通知（国办发〔2016〕36 号）	2016 年 5 月 11 日
17	国务院办公厅关于转发文化部等部门中国传统工艺振兴计划的通知（国办发〔2017〕25 号）	2017 年 3 月 12 日
18	《文化部 财政部关于开展引导城乡居民扩大文化消费试点工作的通知》（文产发〔2016〕6 号）	2016 年 4 月 28 日
19	《文化部关于推动数字文化产业创新发展的指导意见》（文产发〔2017〕8 号）	2017 年 4 月 11 日
七、家政消费方面		
20	关于印发《家政服务提质扩容行动方案（2017 年）》的通知（发改社会〔2017〕1293 号）	2017 年 7 月 10 日
八、养老消费方面		
21	国务院办公厅关于全面放开养老服务市场提升养老服务质量的若干意见（国办发〔2016〕91 号）	2016 年 12 月 7 日
22	国务院办公厅关于制定和实施老年人照顾服务项目的意见（国办发〔2017〕52 号）	2017 年 6 月 6 日
九、健康消费方面		
23	国务院关于印发中医药发展战略规划纲要（2016—2030 年）的通知（国发〔2016〕15 号）	2016 年 2 月 22 日
24	国务院关于加快发展康复辅助器具产业的若干意见（国发〔2016〕60 号）	2016 年 10 月 23 日
25	国务院办公厅关于促进医药产业健康发展的指导意见（国办发〔2016〕11 号）	2016 年 3 月 11 日

	文件名称	印发日期
26	国务院办公厅关于支持社会力量提供多层次多样化医疗服务的意见(国办发〔2017〕44号)	2017年5月16日
27	国务院办公厅关于促进和规范健康医疗大数据应用发展的指导意见(国办发〔2016〕47号)	2016年6月21日
28	国务院办公厅关于建立现代医院管理制度的指导意见(国办发〔2017〕67号)	2017年7月14日
十、消费环境方面		
29	国务院关于新形势下加强打击侵犯知识产权和制售假冒伪劣商品工作的意见(国发〔2017〕14号)	2017年3月9日
30	国务院办公厅关于开展消费品工业"三品"专项行动营造良好市场环境的若干意见(国办发〔2016〕40号)	2016年5月26日
31	国务院办公厅关于发挥品牌引领作用推动供需结构升级的意见(国办发〔2016〕44号)	2016年6月10日
32	国务院办公厅关于印发消费品标准和质量提升规划(2016—2020年)的通知(国办发〔2016〕68号)	2016年9月6日
33	国务院办公厅关于转发国家发展改革委物流业降本增效专项行动方案(2016—2018年)的通知(国办发〔2016〕69号)	2016年9月13日
34	国务院办公厅关于加快发展冷链物流保障食品安全促进消费升级的意见(国办发〔2017〕29号)	2017年4月21日
35	国务院办公厅关于进一步推进物流降本增效促进实体经济发展的意见(国办发〔2017〕73号)	2017年8月7日

附录二　2017年居民消费统计数据资料

表1　2000—2017年中国社会消费品零售总额　　（单位：亿元）

年份	全国	增长（%）	城镇	增长（%）	乡村	增长（%）
2000	39106	9.7				
2001	43055	10.1				
2002	48136	11.8				
2003	52516	9.1				
2004	59501	13.3				
2005	68353	14.9				
2006	79145	15.8				
2007	93572	18.2				
2008	114830	22.7				
2009	133048	15.9				
2010	158008	18.8	137019	19.1	20989	16.5
2011	187206	18.5	161925	18.2	25281	20.4
2012	214433	14.5	186054	14.9	28379	12.3
2013	242843	13.2	210125	12.9	32718	15.3
2014	271896	12.0	234948	11.8	36948	12.9
2015	300931	10.7	258999	10.2	41932	13.5
2016	332316	10.4	285814	10.4	46503	10.9
2017	366262	10.2	314290	10.0	51972	11.8

数据来源：国家统计局。

表2 2016—2017年中国分地区社会消费品零售总额（单位:亿元）

地 区	2016 年		2017 年	
	社会消费品零售总额	增长（%）	社会消费品零售总额	增长（%）
全 国	332316	10.4	366262	10.2
东 部	171143	10.1	187570	9.6
北 京	11005	6.5	11575	5.2
天 津	5636	7.2	5730	1.7
河 北	14365	10.6	15908	10.7
上 海	10947	8.0	11830	8.1
江 苏	28707	10.9	31737	10.6
浙 江	21971	11.0	24309	10.6
福 建	11675	11.1	13013	11.5
山 东	30646	10.4	33649	9.8
广 东	34739	10.2	38200	10.0
海 南	1454	9.7	1619	11.4
中 部	69820	11.5	77475	11.0
山 西	6481	7.4	6918	6.8
安 徽	10000	12.3	11193	11.9
江 西	6635	12.0	7448	12.3
河 南	17618	11.9	19667	11.6
湖 北	15649	11.8	17394	11.1

地 区	2016 年		2017 年	
	社会消费品零售总额	增长（%）	社会消费品零售总额	增长（%）
湖 南	13437	11.7	14855	10.6
西 部	61488	11.2	68099	10.8
内蒙古	6701	9.7	7160	6.9
广 西	7027	10.7	7813	11.2
重 庆	7271	13.2	8068	11.0
四 川	15602	11.7	17481	12.0
贵 州	3709	13.0	4154	12.0
云 南	5723	12.1	6423	12.2
西 藏	459	12.5	523	13.9
陕 西	7368	11.0	8236	11.8
甘 肃	3184	9.5	3427	7.6
青 海	767	11.0	839	9.3
宁 夏	850	7.7	930	9.5
新 疆	2826	8.4	3045	7.7
东 北	29127	7.6	30762	5.6
辽 宁	13414	4.9	13807	2.9
吉 林	7310	9.9	7856	7.5
黑龙江	8403	10.0	9099	8.3

数据来源：国家统计局。

表 3 2017 年中国社会消费品零售总额主要类别   （单位:亿元）

指标	绝对额	增长率(%)
社会消费品零售总额	366262	10.2
按消费类型分		
餐饮收入	39644	10.7
商品零售	326618	10.2
其中:限额以上单位商品零售	150861	8.2
粮油、食品类	15332	10.2
饮料类	2274	10.3
烟酒类	4430	7.9
服装鞋帽、针纺织品类	14557	7.8
化妆品类	2514	13.5
金银珠宝类	2970	5.6
日用品类	5512	8.0
家用电器和音像器材类	9454	9.3
中西药品类	9482	12.4
文化办公用品类	3661	9.8
家具类	2809	12.8
通讯器材类	4330	11.7
石油及制品类	19743	9.2
汽车类	42222	5.6
建筑及装潢材料类	3221	10.3

数据来源:国家统计局。

表4 2015—2017年中国网上零售额　　　（单位:亿元）

指　标	2015		2016		2017	
	绝对额	增速(%)	绝对额	增速(%)	绝对额	增速(%)
网上零售额	38773	33.3	51556	26.2	71751	32.2
其中:实物商品网上零售额	32424	31.6	41944	25.6	54806	28.0
吃类商品		40.8		28.5		28.6
穿类商品		21.4		18.1		20.3
用类商品		36.0		28.8		30.8

数据来源:国家统计局。

表5 2000—2017年中国三大需求对国内生产总值增长的贡献率和拉动百分点

年份	最终消费支出		资本形成总额		货物和服务净出口	
	贡献率(%)	拉动百分点	贡献率(%)	拉动百分点	贡献率(%)	拉动百分点
2000	78.1	6.6	22.4	1.9	-0.5	0.0
2001	49.0	4.1	64.0	5.3	-13.0	-1.1
2002	55.6	5.1	39.8	3.6	4.6	0.4
2003	35.4	3.6	70.0	7.0	-5.4	-0.6
2004	42.6	4.3	61.6	6.2	-4.2	-0.4
2005	54.4	6.2	33.1	3.8	12.5	1.4
2006	42.0	5.3	42.9	5.5	15.1	1.9
2007	45.3	6.4	44.1	6.3	10.6	1.5
2008	44.2	4.3	53.2	5.1	2.6	0.3
2009	56.1	5.3	86.5	8.1	-42.6	-4.0
2010	44.9	4.8	66.3	7.1	-11.2	-1.3
2011	61.9	5.9	46.2	4.4	-8.1	-0.8
2012	54.9	4.3	43.4	3.4	1.7	0.2
2013	47.0	3.6	55.3	4.3	-2.3	-0.1
2014	48.8	3.6	46.9	3.4	4.3	0.3
2015	59.7	4.1	41.6	2.9	-1.3	-0.1
2016	66.5	4.5	43.1	2.9	-9.6	-0.7
2017	58.8	4.1	32.1	2.2	9.1	0.6

数据来源:国家统计局。

表6　2000—2017年中国最终消费率　　　（单位:亿元）

年份	国内生产总值 （支出法）	最终消费 支出	资本形成 总额	货物和服务净 出口	最终消费率 （％）
2000	100577	63668	34526	2383	63.3
2001	111250	68547	40379	2325	61.6
2002	122292	74068	45130	3094	60.6
2003	138315	79513	55837	2965	57.5
2004	162742	89086	69421	4236	54.7
2005	189190	101448	77534	10209	53.6
2006	221207	114729	89823	16655	51.9
2007	271699	136229	112047	23423	50.1
2008	319936	157466	138243	24227	49.2
2009	349883	172728	162118	15037	49.4
2010	410708	198998	196653	15057	48.5
2011	486038	241022	233327	11688	49.6
2012	540989	271113	255240	14636	50.1
2013	596963	300338	282073	14552	50.3
2014	647182	328313	302717	16152	50.7
2015	699109	362267	312836	24007	51.8
2016	745632	399910	329138	16585	53.6
2017	812038	435453	360627	15958	53.6

数据来源:国家统计局。

156

表7 2000—2016年世界主要经济体最终消费率比较 （单位:%）

年份	中国	美国	日本	德国	法国	英国	印度	巴西
2000	63.3	80.1	71.3	75.8	76.5	83.4	73.9	83.4
2001	61.6	81.4	72.8	75.9	76.7	84.4	73.9	83.5
2002	60.6	82.3	74.0	75.7	77.1	85.0	73.4	81.7
2003	57.5	82.7	73.9	76.6	77.8	85.0	70.8	80.9
2004	54.7	82.5	73.6	75.8	77.6	85.6	65.2	78.7
2005	53.6	82.3	73.7	76.1	78.0	85.3	64.2	79.4
2006	51.9	82.2	73.8	74.9	77.7	84.8	63.5	79.5
2007	50.1	82.6	73.6	72.6	77.2	84.4	61.7	78.8
2008	49.2	84.1	75.0	73.2	77.7	85.9	67.0	78.6
2009	49.4	85.2	78.1	77.0	80.1	87.8	64.9	81.6
2010	48.5	85.0	77.2	75.2	80.0	86.9	63.8	79.2
2011	49.6	85.2	78.4	74.0	79.4	86.0	67.0	78.9
2012	50.1	84.2	78.9	74.6	79.5	86.2	68.4	79.9
2013	50.3	83.2	79.1	74.5	79.6	85.7	69.0	80.6
2014	50.7	82.7	78.6	73.6	79.2	84.9	68.4	82.1
2015	51.8	82.5	76.4	72.9	78.7	84.7	69.4	83.6
2016	53.6	83.1	75.6	72.8	78.9	85.2	71.1	84.2

数据来源:中国数据来自国家统计局,其他经济体数据来自世界银行。

表8　2013—2017年全国居民人均消费支出情况　　（单位:元）

指　标	2013		2014		2015		2016		2017	
	绝对水平	构成（%）	绝对水平	构成（%）	绝对水平	构成（%）	绝对水平	构成（%）	绝对水平	构成（%）
人均消费支出	13220	100	14491	100	15712	100	17111	100	18322	100
食品烟酒	4127	31.2	4494	31.0	4814	30.6	5151	30.1	5374	29.3
衣　着	1027	7.8	1099	7.6	1164	7.4	1203	7.0	1238	6.8
居　住	2999	22.7	3201	22.1	3419	21.8	3746	21.9	4107	22.4
生活用品及服务	806	6.1	890	6.1	951	6.1	1044	6.1	1121	6.1
交通通信	1627	12.3	1869	12.9	2087	13.3	2338	13.7	2499	13.6
教育文化娱乐	1398	10.6	1536	10.6	1723	11.0	1915	11.2	2086	11.4
医疗保健	912	6.9	1045	7.2	1165	7.4	1307	7.6	1451	7.9
其他用品及服务	325	2.5	358	2.5	389	2.5	406	2.4	447	2.4

数据来源:国家统计局。

表9　2013—2017年分地区人均年消费支出　　（单位:元/人）

地　区	2013	2014	2015	2016	2017
全　国	13220	14491	15712	17111	18322
北　京	29176	31103	33803	35416	37425
天　津	20419	22343	24162	26129	27841
河　北	10872	11932	13031	14247	15437
山　西	10118	10864	11729	12683	13664
内蒙古	14878	16258	17179	18072	18946
辽　宁	14950	16068	17200	19853	20463
吉　林	12054	13026	13764	14773	15632
黑龙江	12037	12769	13403	14446	15577
上　海	30400	33065	34784	37458	39792

地 区	2013	2014	2015	2016	2017
江 苏	17926	19164	20556	22130	23469
浙 江	20610	22552	24117	25527	27079
安 徽	10544	11727	12840	14712	15752
福 建	16177	17644	18850	20167	21249
江 西	10053	11089	12403	13259	14459
山 东	11897	13329	14578	15926	17281
河 南	10002	11000	11835	12712	13730
湖 北	11761	12928	14316	15889	16938
湖 南	11946	13289	14267	15750	17160
广 东	17421	19205	20976	23448	24820
广 西	9596	10274	11401	12295	13424
海 南	11193	12471	13575	14275	15403
重 庆	12600	13811	15140	16385	17898
四 川	11055	12368	13632	14839	16180
贵 州	8288	9303	10414	11932	12970
云 南	8824	9870	11005	11769	12658
西 藏	6307	7317	8246	9319	10320
陕 西	11217	12204	13087	13943	14900
甘 肃	8943	9875	10951	12254	13120
青 海	11576	12605	13611	14775	15503
宁 夏	11292	12485	13816	14965	15350
新 疆	11392	11904	12867	14066	15087

数据来源:国家统计局。

表 10 2000—2016 年世界主要经济体居民消费支出规模比较

(单位:亿美元)

年份	中国	美国	日本	德国	法国	英国	印度	巴西
2000	5599	67924	26594	11143	7450	11025	2940	4234
2001	6009	71031	23775	11189	7566	10910	3067	3586
2002	6534	73840	22990	11825	8192	11864	3196	3144
2003	6930	77655	24769	14457	10144	13536	3681	3453
2004	7796	82600	26737	16179	11628	15914	4075	4030
2005	8796	87941	26451	16522	12157	16619	4643	5395
2006	10014	93040	25318	17097	12806	17576	5226	6694
2007	12725	97505	25140	18956	14624	19992	6737	8365
2008	16764	100136	28537	20752	16153	19004	6746	10129
2009	18474	98470	30599	19631	15138	15758	7464	10328
2010	21916	102022	32918	19155	14860	16006	9140	13302
2011	27826	106893	35868	20790	15958	17096	10247	15769
2012	31354	110506	36375	19762	14927	17492	10319	15139
2013	35192	113612	30398	20759	15609	18028	10703	15261
2014	38958	118292	28328	21137	15737	19755	11829	15463
2015	41096	123323	24791	18083	13381	18921	12116	11515
2016	43690	128207	27584	18521	13638	17573	13310	11498

数据来源:世界银行。

160

表 11   2012—2016 年中国幸福产业规模   （单位:亿元）

指 标	2012	2013	2014	2015	2016
旅游及相关产业增加值 占 GDP 比重(%)			27433 4. 26	30017 4. 36	32979 4. 44
文化及相关产业增加值 占 GDP 比重(%)	18071 3. 48	21870 3. 67	24538 3. 81	27235 3. 95	30785 4. 14
体育产业总产出 增加值 占 GDP 比重(%)				17107. 0 5494. 4 0. 8	19011. 3 6474. 8 0. 9

数据来源:国家统计局。

后　　记

为充分反映我国居民消费现状及发展趋势,国家发展改革委组织编写了《2017年中国居民消费发展报告》。本报告共由十二个章节构成。第一章概要介绍了全国居民消费发展总体情况,第二至第十一章分别就信息消费、绿色消费、旅游消费、体育消费、文化消费、电影消费、家政消费、养老消费、健康消费、消费环境等分领域消费发展情况进行了描述,第十二章委托第三方通过大数据分析对消费政策落实情况进行评估。

国家发展改革委副主任、国家统计局局长宁吉喆同志非常重视本报告的编写工作,担任顾问并为本报告作序。国家发展改革委国民经济综合司负责具体组织编写工作。国家发展改革委社会发展司、高技术产业司、资源节约和环境保护司、宏观经济研究院、国家信息中心,以及工业和信息化部信息化和软件服务业司、国家旅游局规划财务司、国家体育总局体育经济司、文化部文化产业司、国家新闻出版广电总局电影局、人力资源社会保障部农民工工作司、民政部社会福利和慈善事业促进司、国家卫生计生委规划与信息司、国家质检总局认监委注册管理部等单位参与了本报告的撰写工作,国家统计局贸易外经统计司、服务业统计司、社会科技和文化产业统计司等为本报告的编写提供了许多宝贵的数据。我们在此表示衷心感谢。

本报告是首次编写,书中难免有疏漏和不当之处,敬请读者批评指正,以便我们在今后不断改进,全面、准确、及时地做好年度中国居民消费发展报告的编写工作。

编写委员会
2018 年 2 月

责任编辑：郑　治　李源正

封面设计：林芝玉

责任校对：吕　飞

图书在版编目（CIP）数据

2017 年中国居民消费发展报告/国家发展和改革委员会 著. —北京：
　人民出版社,2018.3
　ISBN 978－7－01－019125－6

Ⅰ.①2…　Ⅱ.①国…　Ⅲ.①居民消费-研究报告-中国-2017　Ⅳ.①F126.1

中国版本图书馆 CIP 数据核字（2018）第 052338 号

2017 年中国居民消费发展报告

2017 NIAN ZHONGGUO JUMIN XIAOFEI FAZHAN BAOGAO

国家发展和改革委员会

人 民 出 版 社 出版发行

（100706　北京市东城区隆福寺街 99 号）

中煤（北京）印务有限公司印刷　新华书店经销

2018 年 3 月第 1 版　2018 年 3 月北京第 1 次印刷
开本:710 毫米×1000 毫米 1/16　印张:11
字数:110 千字　印数:0,001-3,000 册

ISBN 978－7－01－019125－6　定价:25.00 元

邮购地址 100706　北京市东城区隆福寺街 99 号
人民东方图书销售中心　电话（010）65250042　65289539